元一ノ矢
相撲探求家
松田哲博

# 相撲の力学

## 神技のカラクリ

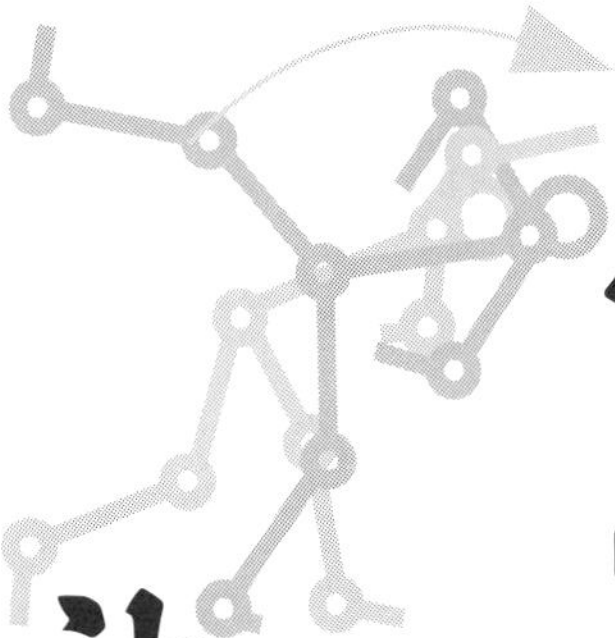

BAB JAPAN

# はじめに　～楠川絢一先生に捧ぐ～

楠川絢一先生は相撲好きでした。大正12年神田の生まれ。幼少の頃横綱玉錦に頭を撫でられたのがきっかけだと嬉しそうに語っておられました。

先生とのお付き合いは、入門してすぐの頃、相撲を取り終えた私に花道で声をかけてくれたことから始まりました。東京都立大学の修士課程に進学して先生の研究室に入った私の同級生から話を聞いて、わざわざ訪ねてくださったのです。以来、毎場所応援に駆けつけ、場所後には一献傾けるのが恒例となりました。

お会いした当時、先生は東京都立大学の総長を務められていたはずですが、常に一相撲ファンとして接してくださり、時に飲んだ勢いで吐く若造の大言壮語にもニコニコと応じてくれたものでした。酒席では、相撲の話が主でしたが、物理の話も酒の肴となり、ご専門の流体力学や般若心経とE＝$mc^2$が繋がるという興味深い話を聞かせてもらったこともありました。

長いお付き合いの中で、ご家族のお祝い事、父の喜寿祝に徳之島までご夫婦でお越し頂いたり、結婚式では主賓のご挨拶をお願いしたり、先生は東京の父親のような存在として私を温かく見守って下さいました。

引退後も先生とは年に数回盃を交わしていましたが、ゆくゆくは「相撲の物理」について書きたいとお話しし、「楽しみにしていますよ」とのお言葉を頂いていたにもかかわらず、その原稿は遅々として進んでいませんでした。その後、先生の体調が優れずなかなかお会いすることができなくなっていきました。

それから数年経ったある日、知人の誘いでご自宅を訪問する機会に恵まれたため、大雑把ながら「相撲と物理」についての原稿をまとめ、見ていただきました。今振り返ると、とても活字にできる内容には至ってなかったのですが、先生はその場でスラスラと目を通し、いくつかの指摘とともに「面白いと思いますよ」と言ってくださり、さらにその晩電話で「あの部分は、表現の仕方を変えた方がいいですよ」等と懇切なご意見を頂いたことも懐かしく想い出されます。

この度、「月刊秘伝」誌で連載した『漱石と寅彦の「相撲力学」問答』を再編成し『相撲の力学』が完成、ようやく先生との約束が果たせたような気持ちです。先生は2015年に他界されたため、お目に掛けることは叶いませんでしたが、出版できたことを先ずは先生にご報告し、近日中に先生が眠る米沢の墓前に捧げたいと思います。

2024年5月

松田哲博

# 目次

## 第3部

# 技（巧妙な相対制御）

# 第4部　仕切りと立合い……255

# 第1部

# 体

## （体の質、存り方について）

# 第1章　太刀山の相撲に見る物理現象

## 1　夏目漱石が贔屓にした太刀山

明治から大正にかけて活躍した第22代横綱太刀山峰右衛門は、188cm、150kgの体から強烈な鉄砲（双手突き）を繰り出し、相手を一突き半で突き出してしまうことから「太刀山は四十五日（一月半＝一突き半）で今日も勝ち」と川柳にも詠まれるほどでした。

明治42年6月東洋一と称された鉄骨ドーム型の国技館が開館しますが、この場所新大関として2敗したものの、翌場所から負けるのを忘れたかのように勝ち続け、1月場所8日目西ノ海に敗れるまで43連勝し、何度か休場を挟んだ後、再び大正5年5月場所8日目栃木山に敗れるまで56連勝します。足掛け7年間で負けたのは2回だけという驚異的な強さを見せつけた太刀山を、そ

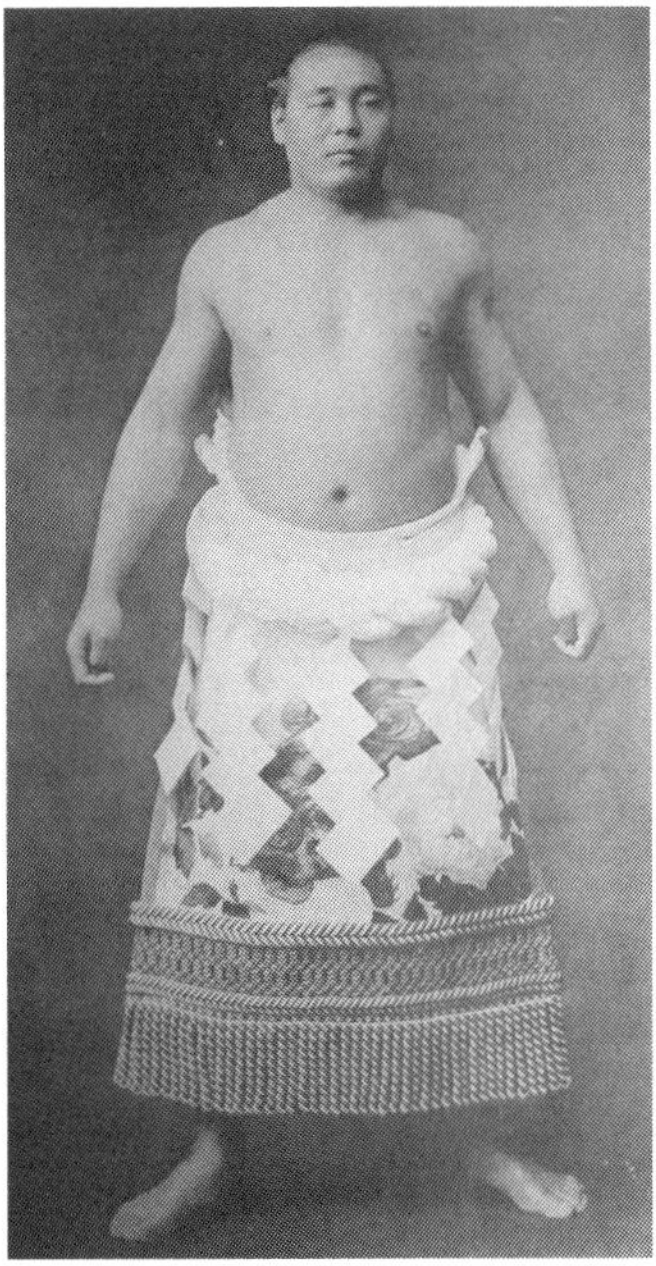

横綱・太刀山峰右衛門（在位：1911年6月〜1918年1月）。当時188センチで150キロを越える巨漢力士だった（1917年発行の引退記念誌より）。

の豪快な勝ちっぷりと連勝記録から最強横綱と呼ぶ好角家もいるくらいです。

文豪夏目漱石はその太刀山を贔屓にしていました。週に一度弟子たちと交流を深めていた『木曜会』で相撲が芸術的であることを熱く語る漱石に赤木桁平が「それでは、力ばかりで押し通す太刀山は面白くありませんね。技巧を用いて相手を負かすのではなく、力だけで相手を負かすのですから」と突っ込みました。そのときは漱石も太刀山の相撲は非芸術的だと認めたようですが、それでも贔屓であり続けたのは、鳴り物入りで入門したものの下半身が硬いことに加え胃弱で中々太れず苦労した太刀山に、生涯胃弱に悩まされた漱石が「同病相憐れむ」感情を抱いたためだったのではないかと、出久根達郎氏が『漱石先生とスポーツ』の中で推察しています。

果たして太刀山の相撲が力ばかりで押し通す相撲なのか、それとも芸術性もあるのか、ここでは物理学の側面から探求してみたいと思います。

## 2 重心とは？

漱石の教え子である物理学者寺田寅彦は、大正時代に来日したパブロワの踊りを見て、「踊りはなかなか複雑だが、重心の動き方と脚の運びが、力学的に安定した時が見た目にも落ち着きがあって美しく、重心の動きを見ていると案外簡単なリズムから出来上がっているものだとわかって面白かった」と語っています。人間の重心は、手や足の動き、肩への力の入れ具合で時々刻々変化しますから、ぶらさずに一定に保つのは難しいことです。

太刀山の鉄砲は圧倒的な威力を誇り、いかにも力任せに見えますが、重心を上下や左右にまったくぶらさず、安定したリズムで動かさないと、幕内力士を一突き半で土俵外へ吹っ飛ばすことなどできないはずです。そう考えると、太刀山の相撲もパブロワの踊りに通ずるものがあります。

アンナ・パヴロヴナ・パブロワ。ロシア出身の世界的バレリーナ。大正時代に来日し、日本においてバレエが定着、普及するキッカケを作った。

さて重心とは何でしょうか。なんとなくわかっているつもりでも、説明するとなると案外難しいものです。重心とは、そのものにかかる重力の中心、つまり、つり合いのとれる一点だといえます。シーソーを例に考えるとわかりやすいと思いますが、そこで支えると右にも左にも傾かない、つり合いのとれるところが重心です。一本の棒のシーソーと違って、人間の体は複雑な形をしていますから、私たちが重心を意識するのが難しいのは当然です。

人間の重心は、真直ぐ立った姿勢だと、下腹部のいわゆる丹田付近にありますが、しゃがんだり手足を前に出したりすると、その位置は変化します。また、立ったままの姿勢でも肩に力が入ったり、頭に血が上ったりなど、意識の仕様によって

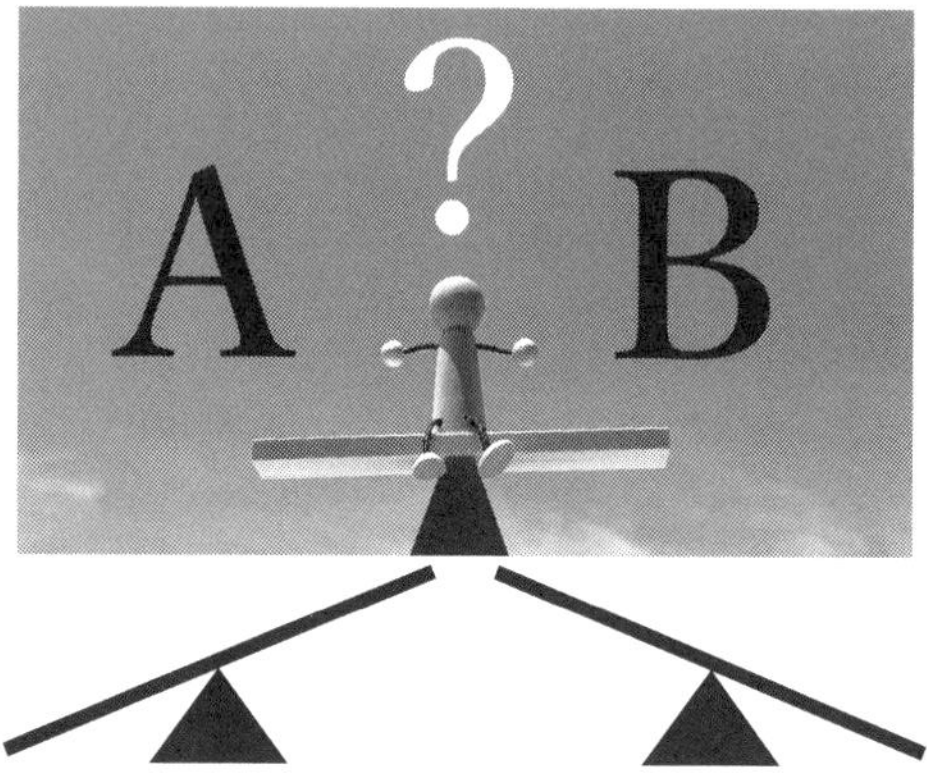


「重心」とはその物体が右にも左にも傾かない、つり合いの取れる一点。シーソーにおける支点と解釈できる。

も変わってきます。人間の体は、6～7割が水分でできていますから、本来液体の袋状の物体に近いわけですが、力んだり踏ん張ったりすると固体に近い状態になることもあり、形も変われば形質も時々刻々変化するという実に不思議な物質といえます。

また、2本足で立つという、他の動物では考えられない不安定な立ち方をしていますから、重心を安定したリズムで動かすというのは想像以上に困難なのです。立つことがまず難しいのに、相手がぶつかってくる相撲において安定したリズムで動かすことは、十分芸術的といえるでしょう。

## 3 重心の高さが武器になる？

太刀山は188cmの長身で脚も長い方でしたから、重心が高いのが欠点とされることもありました。確かに常陸山

四つ相撲（上）と突き押し相撲（下）。いわゆる「ガップリ四つに組んで」と表現される、両者が互いに組み合う取り組みと、離れた位置から張り手などで突き押す相撲では、重心位置の有利不利が異なってくる。

や梅ケ谷に比べると重心が高いのですが、上背も相撲の取り方も違いますから、太刀山の重心の高さは決して欠点ではありません。

　下から上に圧力をかける動きが相手の重心を浮き上がらせることになりますから、四つ相撲では、安定感に加えて、重心の低さが大切になりますが、太刀山のような突き押し相撲は、その高い重心こそが武器になります。

　少し極端に例えてみますと、目の前に重さ１００kgの丸太棒が2本あるとします。1本は高さが1メートル、もう1本は2メートルとすると、この2本の丸太が倒れてきた場合、どちらにより脅威を感じるでしょうか。誰もが2メートルの丸太の方が恐ろしいと感じることでしょう。

突き押し相撲は、いわば大きな丸太棒が自分に向かって倒れてくるようなもので、しかも倒れながら腕が伸びてきます。その場合、重心が高い方が、相手への威力は大きくなります。ですから突き押し相撲の太刀山にとって、高い重心は大きな武器になっているのです。太刀山の相撲は、力任せに相手を押すだけの単純な相撲に見えますが、実は重心の高さを最大限に生かすことのできる、自分の体に合った相撲で、理に適っています。

## 4 常陸山との猛稽古で脆さを克服

富山生まれの太刀山は、体の大きさと怪力が噂を呼びスカウトされますが、本人は全く相撲に興味がなく逃げ回っていました。あきらめきれない元海山の友綱親方が同郷の板垣退助に頼んだところ、板垣を通じて西郷従道内務大臣や富山県令、警察署長までもが動員され、太刀山の入門はさながら国家的プロジェクトのような様相を呈し、世間を騒がせました。鳴り物入りで入門したものの、肩の怪我や病気等のために初土俵を踏んだのは23歳、入門から一年遅れとなり、また身長はあるものの太れずに苦労したようです。

幕下付け出しで番付に名前を載せてからは順調に出世していきますが、やがて部屋に稽古をつけてくれる相手がいなくなり、師匠が相手側（当時は東西対抗制）の常陸山に稽古を願い出ると、その甲斐あってめきめきと実力を上げていきます。

常陸山は、太刀山の下半身が硬いのと身長が高いのを見込んで突き押し相撲を徹底させました。パワーは並外れていたものの下半身の硬さから脆さもあった太刀山は、常陸山との猛稽古で徐々にその脆さを克服し、安定した強さを身に付けていきます。稽古をつけてもらった常陸山に本場所ではなかなか勝てなかったのですが、初対決から丸4年、4度目の対戦で初めて勝つと、以後負けることはありませんでした。

取りこぼしがあった関脇から大関までと、負けることを忘れたかのような横綱時代とでは体格やパワーにはさほど違いが見られませんし、相撲の取り方自体も大きく変わったようには見えません。力ばかりで押し通す相撲は、勝つときは豪快ですが、相手にその力を外されると脆く崩れる場合が多々ありました。横綱になって以降、7年間ほとんど負けることのなかった太刀山にどういう変化があったのでしょう。

# 5　「化ける」ことは「相転移」すること

相撲界には〝化ける〟という言葉があります。ある日を境に突然変異のように強さが増したり安定感が高まったりする場合に使われますが、太刀山の場合も、大関から横綱へと上っていくにつれ脆さが消え、強さに圧倒的な安定感が加わっていき、まさに「化けた」といえるでしょう。

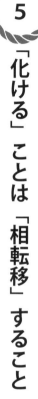

「化ける」ことは、物理学でいう「相転移」という現象に似ているように思います。水と氷は、まったく同じ成分ですが、その性質は随分と異なります。水は液体ですが、温度がある一定の値（0℃）よりも低くなると、氷という固体になります。このように、構成している成分は変わらないのに、性質が突然変わるのが「相転移」です。水は、水素原子（H）2つと酸素原子（O）1つの化合物ですが、ある温度を境に気体になったり固体になったり、突然その性質が変わるのは、分子の並び方、つまり結びつきによるものです。

水の分子（$H_2O$）は、隣の分子と結びつこうという性質と同時に、自由に動き回ろうという性質も持っています。常温では、自由に動き回ろうという性質が上回っていますから全体として液体になっています。ところが温度が下がって0℃になると、結びつこうという性質の方が上回っ

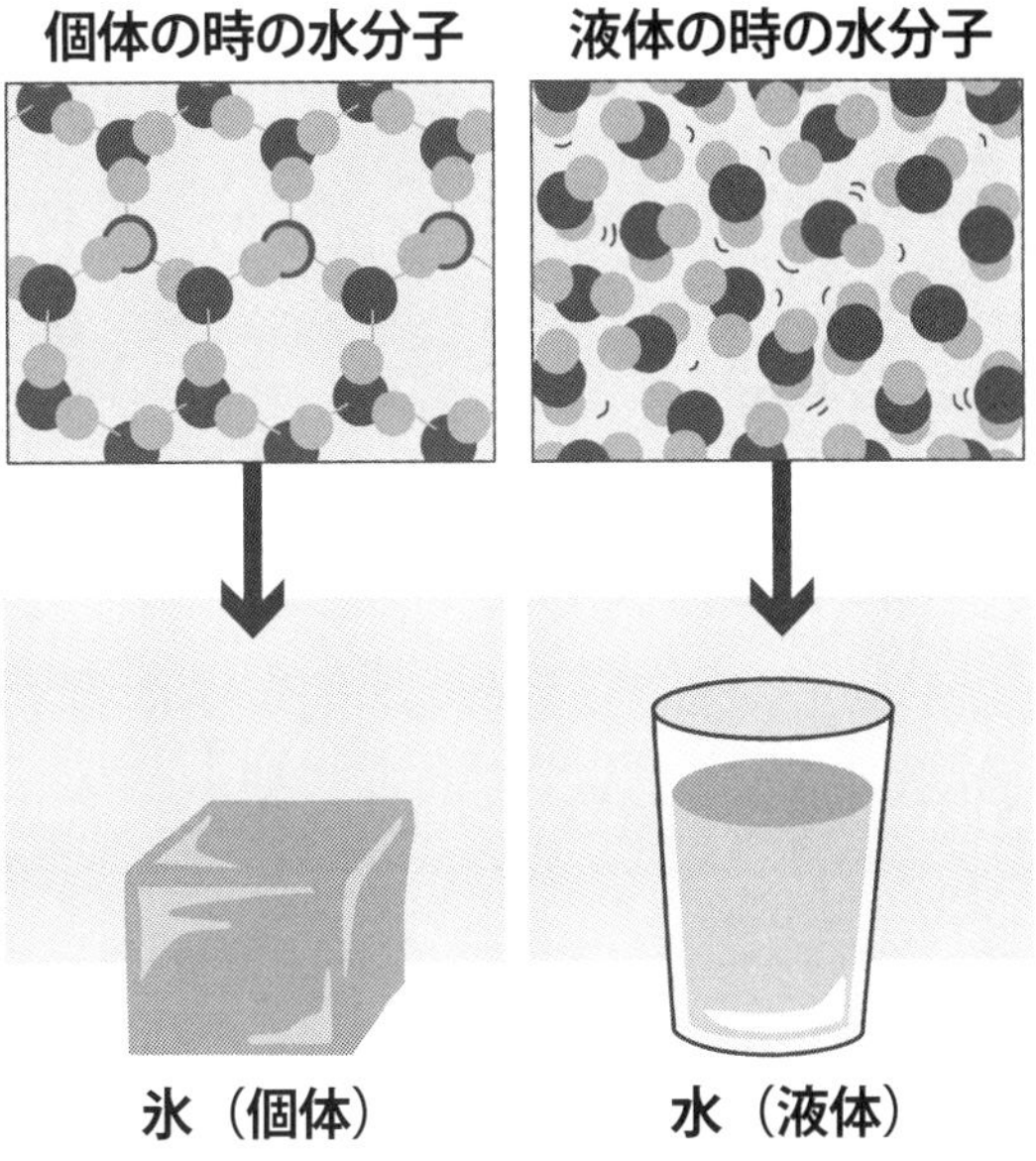


水分子は、固体（氷）、液体（水）、気体（水蒸気）という状態の変化によって、まったく違った性質を表す。同じように、構成する成分は変わらずとも性質が突然変わる「相転移」が、人の性質においても起こり得る例が、太刀山の成長にみられる。

てきて分子同士が結びつき、さらにそれが連鎖的に起こり、全体が結びついて氷という固体になります。これは「協力現象」とか「協同現象」と呼ばれますが、鉄が、磁界をかけることによって原子の方向が連鎖的に揃い、磁石になるのも「協力現象」により「相転移」が起きた結果です。

このように結びつきが強くなったり、向きが揃うことによって、構成する成分が同じでもその性質はまったく変わってしまうのです。

## 6 向きが揃うことで「化ける」

さて、体の大きさや筋力自体にさほど変

**肩のゼロポジション**

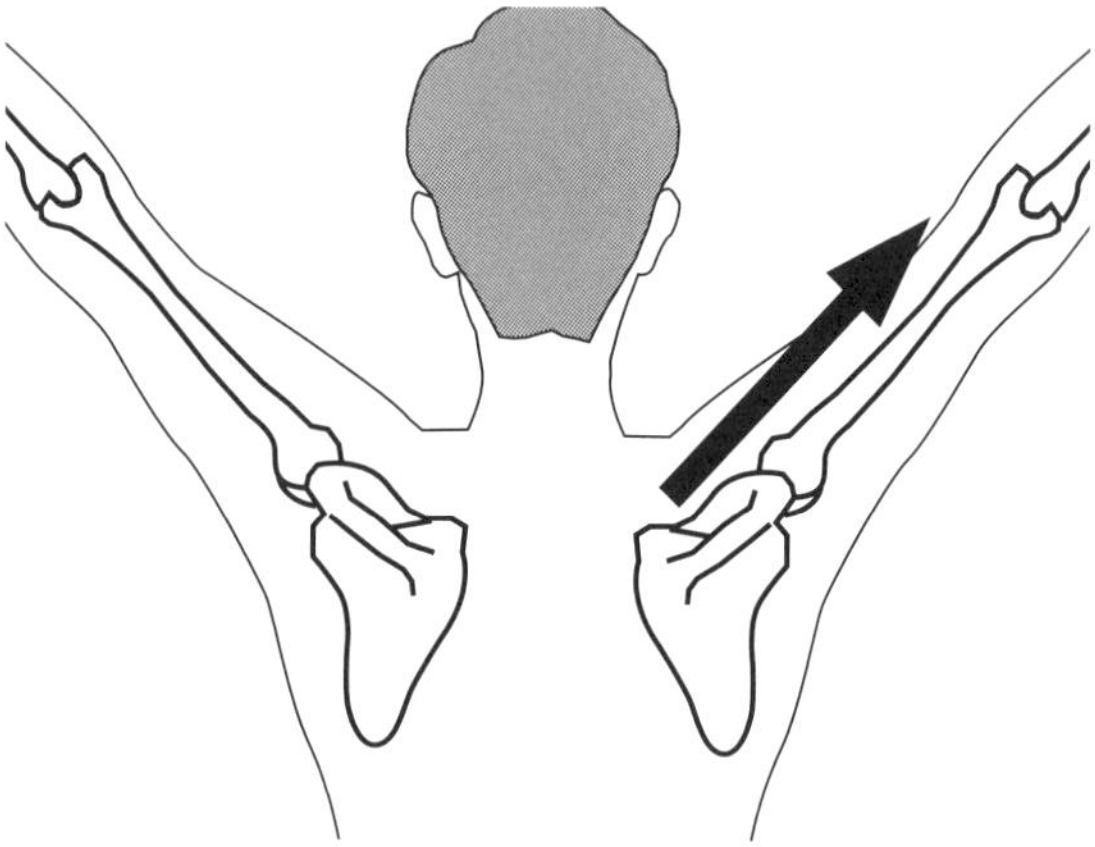

上腕を斜め上方に伸ばすと、上腕骨と肩甲肩甲棘が一直線に並ぶ。この状態を〝ゼロポジション〟と呼ぶ。

化がないにも関わらず、突然安定感が増し負け知らずとなった太刀山について考えてみましょう。人間の体を構成しているのは、骨であり骨をつなぐ筋肉や筋膜です。人体には200を超える骨と600を超える筋肉が存在し、それらを収縮したり弛緩したりして多様な動きや姿勢がつくられます。多少の大きさの違いはあっても骨と筋肉が繋がり合っているのは皆同じなのに、動きや力の発揮具合は人によって大きく異なります。これは、繋がり方や向きの揃い方の違いによるのでしょう。

野球の投球動作やバレーボールのアタック時の肩関節において、〝ゼロポジション〟という言葉が使われます。元々、インドの整形外科医が提唱した概念で、上腕を斜め前方に伸ばしたときに、上腕骨と肩甲棘が一直線に並び、肩甲骨周りのイ

相撲独自の鍛錬法である「四股」や「テッポウ」が全身をつなげ、骨や筋肉の向きを揃える。四股や鉄砲という単純な動作の中に、人体が「相転移」を起こす秘密が隠されていそうだ。

ンナーマッスルがバランス良く筋緊張し、肩関節がもっとも安定するポジションです。ゼロポジションで動作を行うと、力が効率よく発揮され怪我の予防に繋がるといわれています。

水の分子が結びつきを強くして固体になるように、鉄の原子が向きを揃えて磁石となり磁力を発揮するように、人間の骨や筋肉も向きを揃え、最適な繋がりをつくることで、強固になり安定し、「化ける」のではないでしょうか。

「四股」同様、相撲のもっとも大切な鍛錬法のひとつである「テッポウ」は、もともと「調体」と呼ばれていました。稽古場に埋め込まれたテッポウ柱に向かって突き押しの稽古を繰り返すテッポウは、腕の力を鍛えるためのものと思われがちですが、本来は右手右足のように同じ側の手足を同時に動かし体を繋ぎ、向きの揃った動きを身につけ体を調える運動なのです。骨や筋肉の向きを揃え繋げることが、筋肉を太くすることよりも大切だと理解されていたから四股、テッポウという独特な鍛錬法が生まれてきたのだろうと思います。

太刀山においても、四股、テッポウにしっかり取り組むことによって、体が調い力が向きを揃えるようになり、さらに常陸山との猛稽古を通じて全身の繋がりがより強固になり、脆さを克服し、安定感を増していったのではないでしょうか。

# 第2章　北斎漫画における相撲の力学

## 1　印象派に影響を与えた葛飾北斎

四股、テッポウという相撲独自の鍛錬法は、江戸時代にはすでに行われていたようです。江戸期の日本人が身体感覚に優れ、現代人より身体能力が高かったことは、様々な研究から明らかになっています。

江戸期を代表する絵師である葛飾北斎は、１９９８年アメリカ『LIFE』誌で「この１０００年に最も偉大な業績を上げた１００人」に日本人として唯一人選ばれ、ヨーロッパでは19世紀最大のアーティストとも呼ばれています。

北斎といえば、「富嶽三十六景」の「神奈川沖波裏」や「凱風快晴」が有名で、印象派の画家たちやドビュッシーの交響詩「海」にも影響を与えましたが、その発端となったのは『北斎漫画』です。フランス人銅版画家フェリックス・ブラックモンが、パリの印刷屋の仕事場で、日本から送られてきた陶器のパッキングに使われていた画を発見し、デッサンの自由さと精巧さに驚き、コレクションを始めました。それが世紀末にヨーロッパを席巻した「ジャポニスム」へと発展していきます。

絵手本であり風刺や笑いを誘う戯画でもあった『北斎漫画』には、江戸時代の庶民の生活や武士の所作、動植物等、何千点にも及ぶ様々な画が収められていますが、相撲の画も数多くあり、当時の様子を知る貴重な資料となっています。

引っ越しすること90数回、名乗りを変える改号は30回以上といわれている彼が、北斎を名乗り本格的な活躍を見せるのは江戸後期の文化・文政（１８０３〜１８３０）の頃です。まさに町人文化が花開いた化政文化を代表する絵師といえるでしょう。

## 2　北斎漫画の中の相撲

江戸時代には京都、大阪、江戸の三都で勧進相撲が行われ、江戸中期までは京都、大阪での相

『北斎漫画』より「横綱谷風梶之助」。

撲が盛んでしたが、谷風、小野川という力士が出現することによって江戸相撲の人気が一気に高まります。寛政元年（1788）、谷風と小野川が吉田司家より横綱免許を授かり、横綱を締めて土俵入りを行うと、江戸中の話題となり人気を博し、寛政3年（1791）には江戸城で将軍家斉の上覧相撲が初めて開催されました。同じ寛政にデビューして圧倒的な強さを誇った雷電が文化8年（1811）に引退するまでに、江戸勧進相撲は黄金期を迎えることになります。

北斎が活躍したのは、この黄金期とちょうど重なっています。本所住まいだった北斎も実際、回向院に相撲を観に行っていたようで、『北斎漫画』には谷風土俵入りの画も収めら

同じく『北斎漫画』より、取り組みの図。当時の力士たちの体の柔らかさが、よく表現されている。

れています。さらに、北斎らしい諧謔を交えた多彩な動きが描かれた取組の画が幾つも見られます。他の絵師たちによる相撲の画も沢山残されていますが、その多くは立ち姿や仕切りの場面で、動きを伴った取組の画はあまり見られません。

『北斎漫画』に描かれる取組の画を見ると、江戸時代の力士たちの体の柔らかさに驚かされます。まるで蛸か海鼠のような軟体動物にも見えます。

滑稽みのある動作は、北斎独特のユーモアとも思われますが、当時の画師は実物を見ながら写生するのではなく、しっかり観察して自分の体の中に溶かし込んでから描いたそうですから、実際そんな動きもあったのでしょう。

膝が伸びきって危なっかしく見える画もありますが、伸びた膝の足元は踵が土俵にしっかりと着いて

相手を捻り倒そうとする力士の足先がやや浮いているように見えるのは、筋力に頼ることなく上手く骨の構造を利用している現れ。

重心を受けています。股関節から膝、足首へと骨が一本の棒のように繋がり、膝頭とつま先は同じ方向を向き、骨の並びが揃っています。整形外科的にいうとアライメントが整っていますから、関節への負担はかかっていないでしょう。脚をテコとして合理的に使うために膝を伸ばしているようにも思えます。

足の指先が浮き上がっているのも、膝の伸び同様に脚を繋げて使うためでしょう。逆につま先に力が入って踵が浮いてしまうと、骨の構造によって力を受けることができず筋肉の力を余計に使わなければならなくなるはずです。これはまさに宮本武蔵の『五輪書』にある「つま先を少しう（浮）けてきびす（踵）を強く踏むべし」という足使いの極意を自然に実践しており、そのために自由奔放な動きが生まれてくるに違いありません。

# 3

# 「志こふむ」画から見て取れるもの

四股の踏み方も、現代とは違って随分独特です。足を上げ下ろすという動作は同じですが、重心のかけ方、足の動かし方はまるで違います。現在推奨される四股は、片足スクワットのように軸足に体重をかけて足を高々と上げ、上げた足を止めてバランスを取り、足を下ろした後にさらに股関節をストレッチするように深くしゃがみ込む方法ですが、北斎の描く「志こふむ」は、足を上げ切った瞬間にも見えるし足を下ろそうとする瞬間にも見え、上げ下ろしの動作が連続していて画から重力が感じられます。

また、足指や下がりを持った手に力が入っていますが、力んでいるのではなく、全身が緩んでいながら繋がっているように感じられます。足から腰、腕を通して肩にかけてきれいな曲線を描いており、上げた左足の足裏は、真っ直ぐではなく足裏を右脚に向けるように内側に捻っています。そうすると、上半身は自然と上げた左足の方に傾き、現代の四股とは傾き方が逆になります。足の上げ下げの運動が直線的ではなく、円を描くように円弧運動になっています。

足を真っ直ぐ上げ下げすることは、重力に抗うことになりますが、円を描くように動かせば重

北斎が描いた、当時の力士の四股。現在のものとは大分違っていたことが分かる。特に、上げた脚をやや内側へ捻っているところに、円運動が生かされている。

力に抗う力が少なくて済み、動き出しも滑らかになります。真っ直ぐな動きよりも円の動きは出所がわかりづらいという利点もありますから、相手にとっては防ぐのが難しくなります。

「志こふむ」の画を眺めていると、本来の四股には、身体の動かし方、相手への力のかけ方を根本から変える仕組みがあったのではないかと思えてきます。

## 4 宇宙の本質に迫る螺旋運動

北斎は、樋定木（細長い溝を掘った定規）やぶんまわし（コンパス）を駆使して描いていたそうで、対象物を観察するときには、動きの中に幾何学的な円弧を見出すのが得意でした。その画は、本質を捉える技巧は元より、大胆な構図が大きな特徴ですが、その大胆さの裏には円や三角形の幾何学的な構造が隠されていることから、力学に裏打ちされた構図といえます。見る人は、大胆さの裏に隠された力学的構造を知らず知らずのうちに感じ取っているから、構図の大胆さには驚かされながらも、画の中に調和や安定を感じるのでしょう。

「志こふむ」の力士をよく見ると、体つきといい、顔や髷の具合が横綱谷風に似ています。土俵入りでの体の傾け具合や腹や腕などの肉付きもよく似ています。他の絵師の画をみても、谷風は少し猫背気味で丸まった様子に描かれているものが多いことから、谷風は体を丸く使うことや円の動きが得意だったのではないかと推測できます。円形の土俵ができたことが日本独特の文化である大相撲を成立させていますから、円の動きこそが相撲の極意といえるのでしょう。

天体の動きもすべて円運動です。月は地球の周りを、地球は太陽の周りを、太陽は銀河の中を、銀河は宇宙の中を回り続けています。原子の世界に目を転じてみても、中心の原子核の回りに電子が雲状に広がって原子を形作っています。原子も元来球状の広がりをもっていますから、巨大な宇宙から極微の原子の世界に至るまで、動きの基本となっているのが円や球であることは紛れもない事実です。

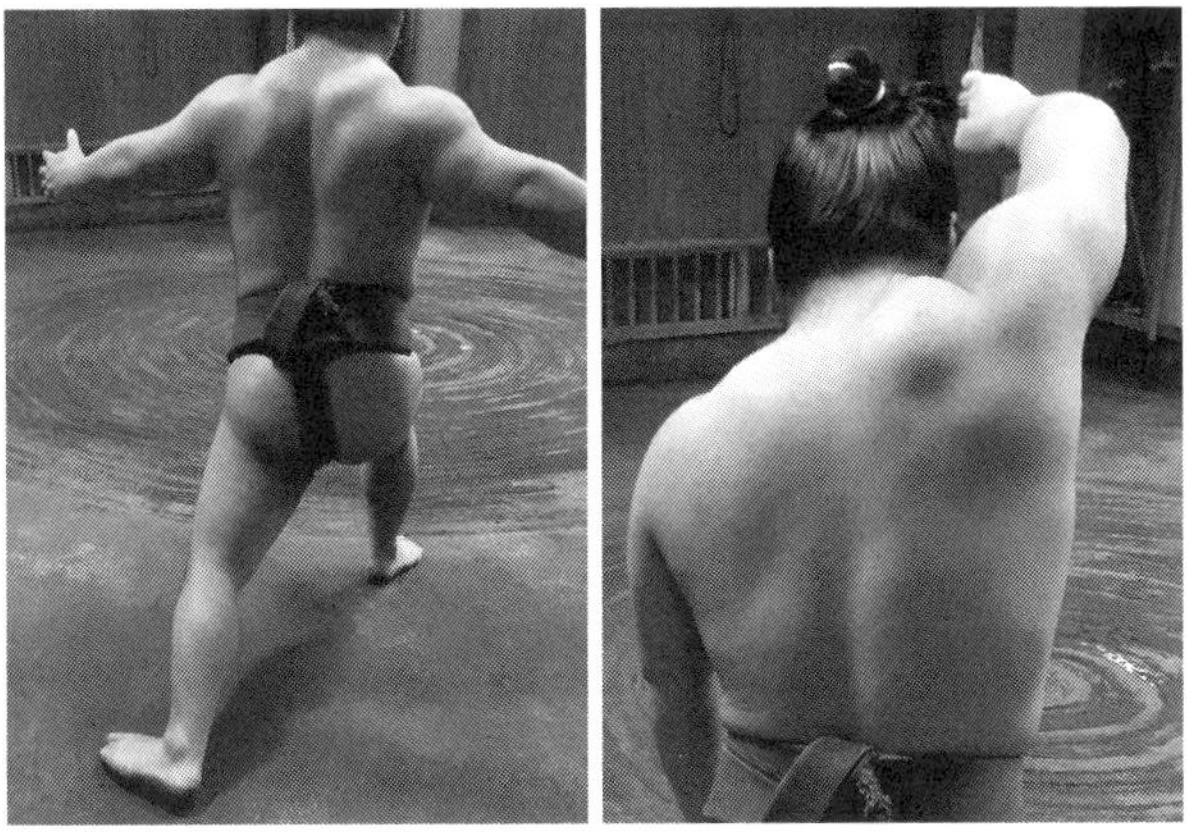

取組において力士たちが見せる「腕（かいな）を返す動き（右写真）」や「腰を入れて胸を出す構え（左写真）」も、全て「螺旋運動」に通じている。

四股を踏むときに足を内側に捻って上げると、軸足や上半身に捻りが加えられます。そうすると、北斎の描く江戸期の四股は、単純な円運動ではなく、螺旋運動だといえるのではないでしょうか。「腕を返す」動きも腕を捻りながら前に出す螺旋の動きですし、ぶつかり稽古の受け手側が腰を入れる動作も脚を内側に絞りながら腰を前に入れる螺旋の動きです。

そもそも天体の動きも円運動しながら動いていく螺旋運動ですから、これらはより本質的な運動といえます。捻りを加えながら前に進んでいくネジは「千年で最高の発明」といわれていますから、螺旋の動きはあらゆる世界で重要なことなのでしょう。

北斎の「志こふむ」画は、現代の四股を見慣れた目には一見、奇妙にも霊妙にも見えるかもしれませんが、宇宙の本質に迫る動きが隠されているように思えてなりません。

# 5 骨を使うのが「コツ」

取組の画には、上手を取っているものが二図ありますが、どちらも相手のマワシの結び目のあたりを掴んでいるのが目につきます。いわゆる上手が深い状態で、現代の相撲界では良くない上手の取り方とされています。深い上手は引き付けが効かないため、「上手は浅く取って相手を引き付けろ」というのが現代の相撲のセオリーです。

ところが、江戸時代の人々にとっては腕の力で相手を引き付けるのは、もっとも悪い身体の使い方になります。膝の伸びと同様に骨を使うという観点からすれば、深い上手の方が肘を伸ばして腕を一本の棒のように使えるため、根元の肩甲骨まで動員して表面の筋肉に頼らない合理的な力が発揮できるからです。何と言っても骨を使うのが「コツ」なのです。

北斎が勝川派に入門して春朗と名乗っていた時分に描いた相撲画に「鬼面山谷五郎と出羽海金蔵」という取組画がありますが、その画でも上手を引いている出羽海は、鬼面山のマワシの結び目の向こう側まで手を伸ばして取っています。

また、職人が鰻を捌く様子が描かれた浮世絵を見ても、ヌルヌルと動く鰻を腕の力で抑え込む腕を伸ばして、相手の回しの結び目あたりまで深く上手をさす力士たち。これも身体の構造を巧みに活かした取組と考えられる。

のではなく、肩の力を抜いて肘を伸ばし、やはり腕を一本の棒のように使って捌いています。江戸時代の人々にとっては骨を使うのが当たり前で、それを「コツ」と言ってきたのに、現代の大相撲はコツを失い筋肉による力比べになってしまっているようです。

# 第3章　双葉山の四股・テッポウについて

## 1　皇軍無敵の象徴双葉山

戦前の大相撲界は苦難の連続でした。大正から昭和初期にかけての大不況で客足が遠のいた後、武蔵山と男女ノ川の台頭でようやく人気が復活した途端、昭和7年春（1月）場所前に春秋園事件（待遇改善を訴えた力士のストライキ）が勃発し、幕内十両の関取の大半が脱退してしまいました。残った幕下力士を幕内に繰り上げ、入場料を下げ、初日を一月余り遅らせて開催に漕ぎ着けたものの、来場者は激減し大相撲存亡の危機と囁かれました。事件から4年後の11年2月には二・二六事件が起こり、一方、満州事変に続いて日中戦争が勃発、軍国主義が日本中を覆い尽くしていきます。

〝不世出の大横綱〟とも言われる横綱双葉山。特にその立ち姿の美しさには定評がある。

そういう時勢を背景に、11年春場所7日目から14年春場所4日目に新鋭安芸ノ海に敗れるまで、足かけ4年勝ち続けた双葉山は、皇軍無敵の進軍と結びつけられ、日本中から注目される存在となりました。その双葉山の70連勝成らずのニュースは、日本国中を揺るがし、新聞の号外が出るほどの大事件となったのです。

連勝が止まった場所こそ9勝4敗と崩れたもの

の、翌夏場所には15戦全勝で復活し、以後も優勝を重ね充実期を迎えた双葉山は、終戦とともに土俵を去ります。戦前・戦中の相撲界の盛衰は、まさに双葉山とともにありました。その双葉山の心氣體について、土俵入りを通じて考えてみたいと思います。

## 2　双葉山の横綱土俵入りに見る発散と収束

双葉山は、横綱時代の最盛期でも１７７cm、１３０kgほどの体格でした。当時としては体重は重い方でしたが、彼より大きな力士は何人もいて、明治の太刀山や常陸山のような他を圧する大きさがあったわけではありません。また腕力も弱い方で、腕相撲をさせたら当時の幕内力士の中で一、二を争うほどの非力だったそうです。ところが相撲を取ると相手を簡単に放り投げてしまうのです。

体つきは、その均整の取れた美しさから、観音菩薩のようだといわれることさえありました。横綱土俵入りも、すべてが滑らかで、無駄がなく、ゆったりと淀みなく水が流れるような動きが印象的です。

純白の横綱を腰に締めて土俵中央に立った双葉山の姿は、天から吊られながら足は大地に深く

まさに波紋のように広がる波の力＝相撲力を感じさせる双葉山の横綱土俵入り。上げた足を一拍子で下ろし切ることが大切。

根ざし、重力に身を委ねているように見えます。大きくせり出した腹と、その腹を支える腰でエネルギー（氣）を四方八方に発散して中心にある丹田に収束させ、その動きは「波」を感じさせます。立っているだけで波動を発しているため、氣の流れを感じ、後光が差しているようにも見えます。

## 3 波動運動としての四股

横綱土俵入りの際の四股は、

一度軸足の方に引いてから足を上げます。稽古場では、足を引かずに上げるように指導しますが、発散と収束という見地から考えてみると、足を引くことによって丹田に収束させる意識を高めているのではないかと推察されます。

「足を引くな」と指導するのは、腰を割ったまま足を上げることが相撲に一番大切な「腰」をつくるために重要だからなのですが、すでに「腰」ができ上がった力士にとっては、「力」に頼るのではなく「波」としての動きを体現するために、足を引かなければならないのだと思います。それを形として表したのが横綱土俵入りなのでしょう。つまり足を引くことは、「腰」ができた力士にのみ許されることで、まずは丹田を中心とする腰をつくるのが先決です。

腰ができ上がった双葉山は、足を引いてエネルギーを丹田に収束させ、足を上げて収束させたエネルギーを丹田から全心身に発散させています。丹田を中心として軸足を大地に向かって伸ばし、もう一方の足を上げ、上半身を吊られることで発散していくのです。

本来四股は邪気を踏みつけるものであるから、客に足の裏を見せてはいけないといわれてきましたが、一時客入りが悪かったこともあって、昭和初期の横綱玉錦の頃からだんだん見映えが重んじられるようになり、足を高く上げるようになったようです。

双葉山の四股は、足を高く上げてはいますが、無理に引っ張り上げるような筋肉の力みはありませんから、波としての運動が残っているように見えます。脚の筋肉に力を入れて無理矢理に上げると、丹田からのエネルギーを全身へと発散できなくなり、波の運動ではなくなってしまうため、力まずに足を上げることが大切なのです。

## 4 一拍子で下ろす

全身に発散したエネルギーは、足を下ろすことで再び丹田に収束します。丹田に収束させるために重要なのが、一つの動作で下ろし切ることであり、〝一つの動作〟とはまさに武蔵の『五輪書』「水の巻」にある〝一拍子〟と同義です。

「敵のわきまへぬうちを心に得て、我身も動かさず、心もつけず、いかにも早く、直にうつ拍子也。敵の、たちひかん、はづさん、うたん、とおもふ心のなきうちを打拍子、是一拍子也」

武蔵は、心や身体の迷いを一切捨てて打つのが一拍子と説きます。四股も同様に、大切なのはやはり一拍子なのです。

四股は、足の裏や膝を支点にしてバランスを取りながら、足を上げ筋力を鍛えるものだと思われがちですが、淀みなく四方八方にエネルギーを発散させ、一拍子で収束させるのが本義です。

これを幾度となく繰り返すうちに、身体を波として使えるようになり、その単純な動きの奥に隠されている武道の真髄、理に迫ることができるのです。

このように身体の動きとしては、足を上げながら発散して、下ろしながら収束するのですが、身体の内面に目を向けると、さらに面白いことが見えてきます。

## 5 発散と収束を同時に行う

身体の内側即ち全身の骨や筋膜は、足を上げるときに一つにつながって収束し、下ろすときに筋膜はゆるみ重力によって各々の骨が振動し、全心身がほぐされ発散します。表面的な動きとは逆に、身体の内側では、上げるときに収束し、下ろす時に発散しているのです。

電磁波は、電場と磁場の振動が交互に起こるという説があり、電場と磁場の位相がずれていると、電場が最大（発散）のとき磁場はゼロ（収束）、磁場が最大（発散）のとき電場はゼロ（収束）になります（次頁図）。身体の動きを電場、骨や筋膜のつながりを磁場と考えると、動きが発散するときに骨や筋膜のつながりは収束して、動きが収束するときに骨や筋膜のつながりが発散するのも納得できます。

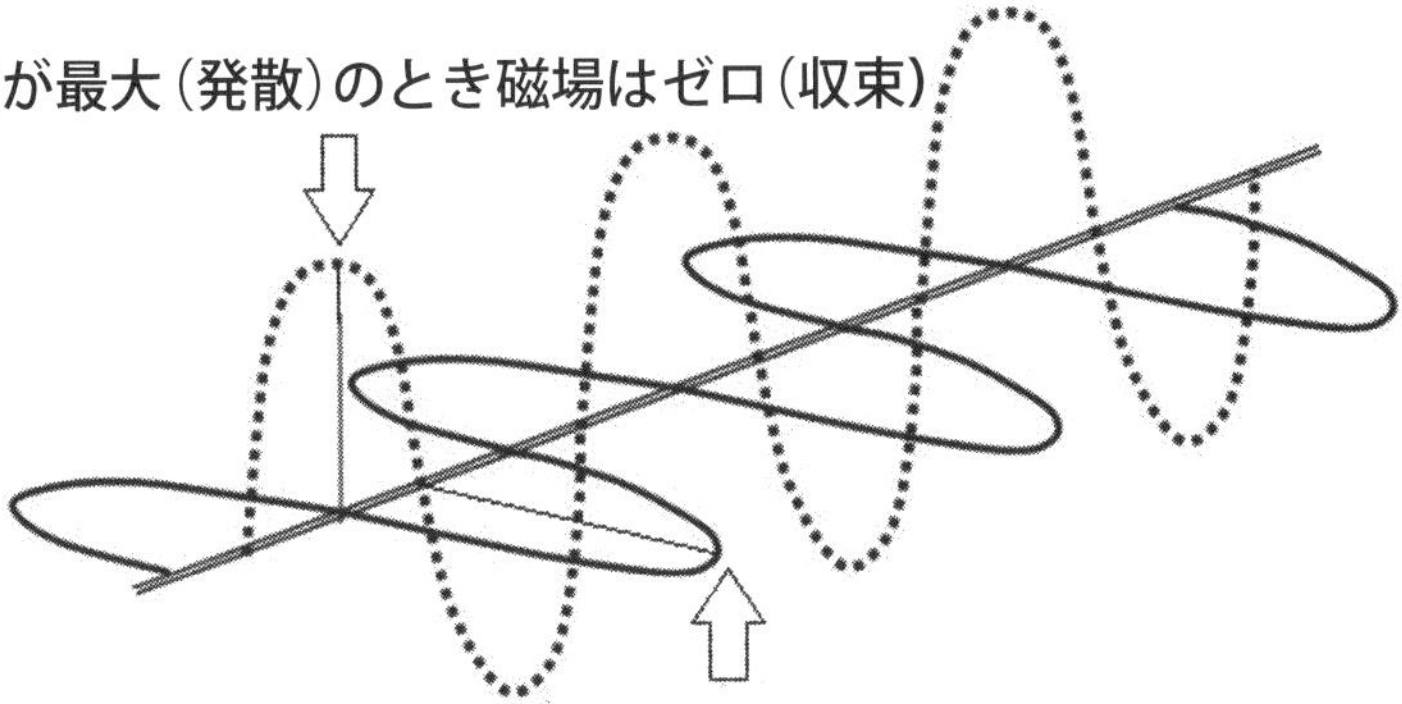


そもそも電磁波である光は、波でもあり粒子でもあるという二面性を持ったものですし、発散は波であり、収束は粒子だと言い換えることもできますから、両方を同時に持つのは矛盾したことではありません。そして、発散（波）と収束（粒子）の両方を身体の外面（動き）と内面（骨や筋膜のつながり）で同時に持つことができれば、波としての波動エネルギーはますます高まるでしょう。

相撲においても同様に、一方向である「力」を発生させる筋肉を強くするよりも、発散と収束を繰り返す「波」として身体を使う方が大切で、発散と収束の両面を追求していくのが四股の本質ともいえます。「波」として身体を使うために肝心なのが、力まず全身をゆるめて足を上げ下げすることです。

これらを理解した上で双葉山の土俵入りを見直してみると、まさに波動、つまり力ではない波のエネルギーを感じることができます。

## 6 右半身と左半身で発散と収束を同時に行うテッポウ

四股と並んで相撲に欠かせぬ鍛錬法がテッポウですが、テッポウを行う上で重要なのが、柱にもたれ込んで押すのではなく、弾くことです。弾くことは、まさに発散そのもので、右腕でテッポウ柱を突く場合、柱を突いて弾いた右腕は腕《かいな》を返して柱に添えると、腕から肩甲骨、腰、脚へと右半身がつながり、収束することになります。右半身を収束させながら、左足を出し左腕でテッポウ柱を突いて弾くと、左半身は発散します。

テッポウを行うことで、身体が右と左とに割れて、発散と収束が繰り返され、それを1000回、2000回と続けることによって身体が細胞レベルまで調えられていくのです。

四股が外の動きと内面のつながりに関して発散と収束を同時に行うのに対し、テッポウは身体を右半身と左半身に割って発散と収束を同時に行うのですから、波の動きである「相撲力」を養うためには、どちらも欠くべからざる両輪といえるでしょう。

## テッポウにおける発散と収束

テッポウもまた、相撲力における発散と収束を身体に刻みつける稽古となる。テッポウの場合は、右半身と左半身という、身体を左右に割った形で、それぞれ発散と収束を繰り返す。
①の右足が前に出ているのが右発散、左収束。②の左足が前に出ているのが左発散、右収束。一見脇を開いているように見える側が、「腕（かいな）を返す」動きによって収束となっている。

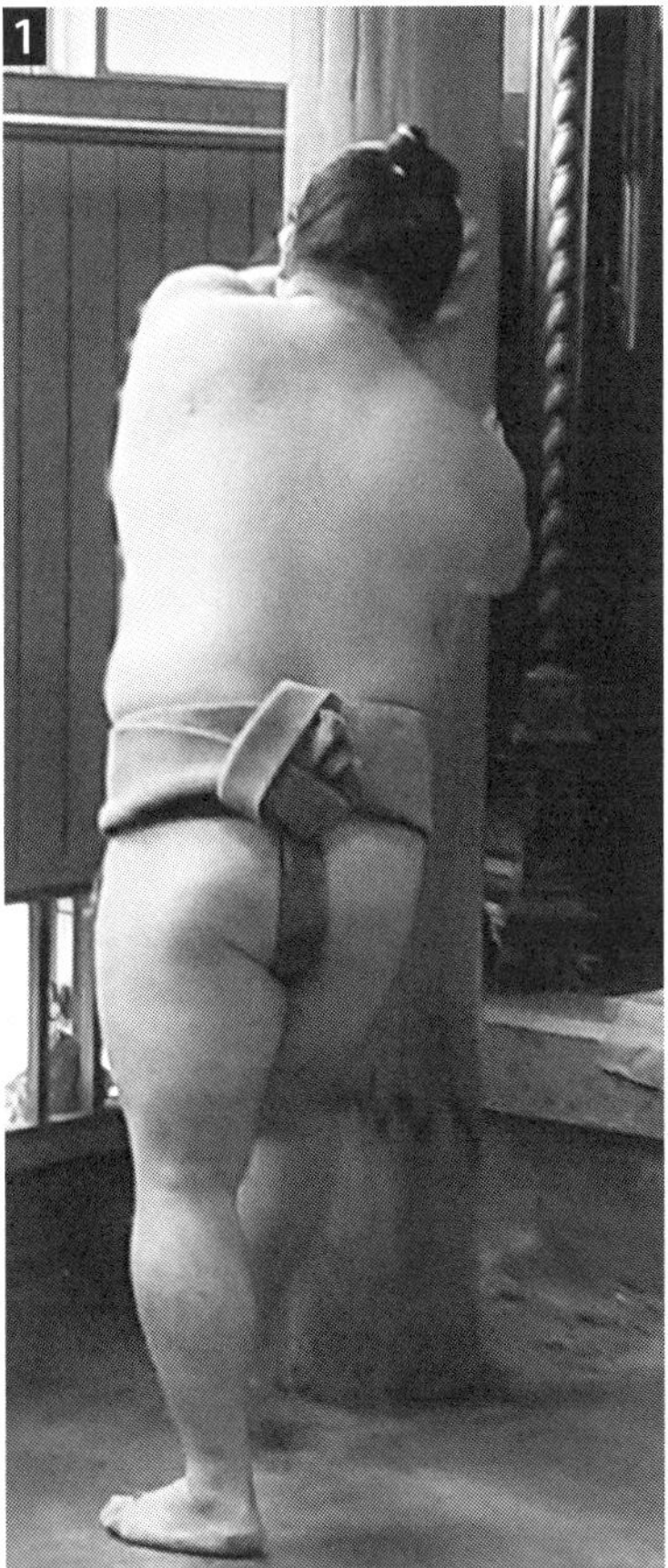


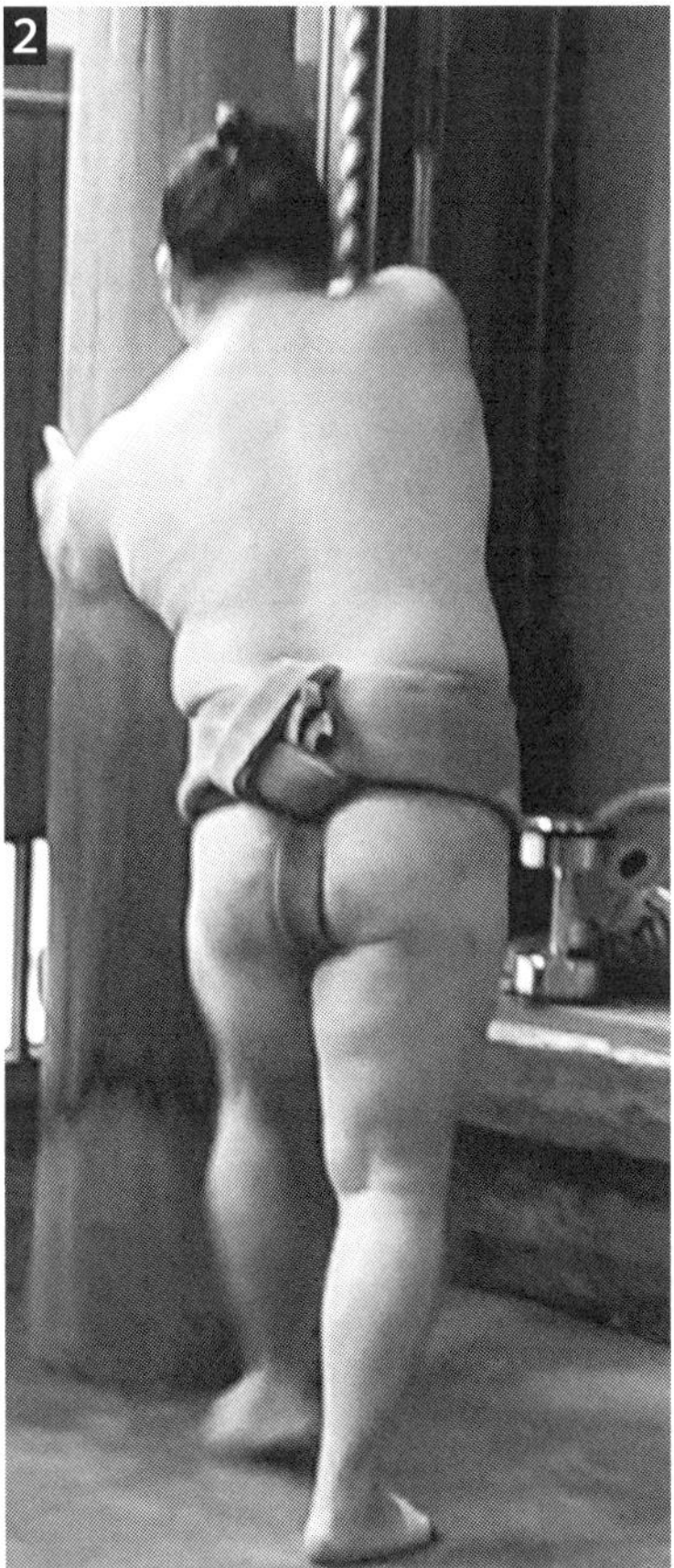

双葉山が崩れ落ちる瞬間。前人未到の70連勝を目前にして敗れた双葉山×安芸ノ海の大番狂わせは、国技館を揺るがす歓声の中に包み込んだ！（以下、双葉山×安芸ノ海の立ち合い写真はすべて日本相撲協会資料映像より）。

相撲に「四股」「テッポウ」のような、他の競技にはない独特な鍛錬法があるのは、「相撲力」という稀有で高度な波動を生み出すためなのでしょう。

双葉山の土俵入りからは、ニュートン力学で解明された「力」という概念を超え、発散と収束という「波」としての運動にまで動きが発展しているのが見てとれます。

## 7　70連勝ならずの一番を検分

昭和14年1月場所4日目、双葉山70連勝成らずの相撲は、歴史的一番となりました。相手は入幕3場所目の新鋭安芸ノ海。本場所はおろか稽古場でも、一度も取り組んだことがありませんでした。

立合い、安芸ノ海が激しく突っ張り、双葉山も突っ

双葉山（左）と安芸ノ海の仕切り。この時点で、安芸ノ海が大金星をあげることを予想する者は誰もいなかっただろう。

立ち合い早々、激しく突っ張る安芸ノ海（右）。双葉山も負けじとこれを迎え撃つ。

左前褌を取って食いついた安芸ノ海（右）。頭を双葉山の顎下へつけて、良い体勢に入るが、双葉山も右手を差して、下から安芸ノ海をあおる。

張り返します。安芸ノ海が左でマワシを取って食いつき、双葉山のアゴの下に頭をつけて絶好の体勢になりますが、双葉山も得意の右を差して腕を返します。安芸ノ海は左四つ得意なので少し勝手が悪いところですが、双葉山がぐいぐいと右から起こそうとするところ、しっかり両マワシを引いて頭をつけて我慢します。双葉山が右から強引にすくい投げを打った瞬間、双葉山が下になって倒れていきました。

双葉山同様安芸ノ海ももんどりうって倒れましたが、双葉山の方が先に落ちており軍配は安芸ノ海に上がります。国技館には座布団や煙草盆、みかんまでもが乱れ飛び、天地がひっくり返って地響きが鳴るほどの大混乱となりました。

## 8 敗因は心氣體のバランスの崩れ

勝負が決まる瞬間を細かく見てみると、突っ張り合いから安芸ノ海が食いつき、双葉山は右をこじ入れて何度か起こしにいき、強引なすくい投げを打ちにいっています。そのとき双葉山の右足を安芸ノ海の左足が外から刈りますが、双葉山は、その足を跳ね上げて、下手を取ってさらに投げにいったため、安芸ノ海の体も反対側に倒れていきました。普通なら足を掛けられた方に倒

右差しから起こそうとする双葉山(右)。

強引なすくい投げを打つ双葉山の右足に安芸ノ海の左外掛けがかかる。掛けられた足を跳ね上げ、投げを打った双葉山だったが、両者もんどり打って土俵に倒れる中、下になったのは双葉山だった……。

れるものですが、反対側に相手を投げ飛ばすなど、双葉山ほどの足腰のしぶとさがなければできないことです。すくい投げが強引過ぎたとはいえ、安芸ノ海の外掛けも抜群のタイミングを捉えていました。

　こうして振り返ってみると、安芸ノ海の体の預け方やマワシの引き付けも絶妙な具合だったことがわかります。無我夢中で体が反応したといえるでしょう。

では双葉山の敗因はどこにあったのでしょうか。何といっても強引なすくい投げが一番の敗因でしょう。実はこの半年前の満州巡業で双葉山は赤痢に罹り、体重がずいぶん減っていました。その後、ある程度まで体重を戻しはしたものの、この場所は心氣體万全とは言い難い状態でした。

それまではこんな強引な技をかけたことはありませんでしたから、やはり体調が万全でない分、早く勝負をつけなければ、と焦ってしまったのだろうと思います。常陸山や太刀山のように圧倒的な体力や膂力がある訳ではない双葉山の相撲は、心氣體三位一体のバランスを保つことによって支えられていたことがわかります。

## 9　「氣」はエネルギー

「心・氣・體」はそれぞれ別々のもののように見えて、実は深いところでつながっています。「體」は目に見えるし、「心」も漠然とでも理解できるようですが、「氣」とは、不可思議で不可解なものです。

物理学的に氣を説明すると、氣はエネルギーといえるでしょう。光にしろ熱にしろ振動がエネルギーを生み出しますが、氣の流れも振動によって生じるようです。心に何かしこりがあると氣の流れが滞り、エネルギーも減りますから、體にも影響が及びます。逆に、心が震えるほどの感動を覚えると、氣の流れが良くなって、體にもいい影響が生じます。邪な氣に触れると心や體に不調を醸しますから、いい氣によって心と體をうまくつないでもらわなければなりません。そのためには、前述の鉄が磁石になるように、心と體が向きを揃えることが大事だろうと思います。

心と體の向きを揃えるには、素直な心で正々堂々と相撲に取り組むことや、無駄な筋肉で體を覆わないことが大切で、そのために四股を踏み、テッポウをするのです。テッポウが「調体」と呼ばれることがその証左ですし、大地の邪気を踏みつける四股は、自身の心や體からも邪気を祓い、心氣體のつながりを良くしてくれます。

## 10 心氣體のバランスを保つ力が「相撲力」

双葉山の強さは、心氣體のバランスが見事に整った状態を保つことにあり、それが双葉山の「相撲力」につながっています。その心氣體のバランスに微妙な破綻を来したのが、70連勝成らずの一番だったように思います。

復調なった双葉山の、昭和 15 年２月、国技館にて横綱男女ノ川（左）との三段構え（写真提供／穐吉家）。

ある親方は「双葉山はだれと合っても、その相手よりちょっとだけ強い」と評しています。双葉山が力ではなく心氣體のバランスによって相撲を取っていたからこそ、そう表現されたのでしょう。安芸ノ海に敗れた後、翌日もその翌日も双葉山は負けてしまいますが、このこともまた、双葉山の相撲が心氣體のバランスで成り立っていたことを証明しているといえるでしょう。

双葉山は翌5月場所、平常心を取り戻し15戦全勝優勝を飾ります。前場所連勝が途切れたとはいえ、双葉山人気は衰えず、この場所から1場所13日間が15日間に延長されますが、それにもかかわらず連日入りきれないお客さんが外に溢れる大盛況でした。

次にその場所の安芸ノ海戦を振り返ってみたいと思います。双葉山は、前場所の敗戦からすっかり立ち直り、8戦全勝の土つかずで安芸ノ海戦を迎えました。一方、双葉山に勝ったものの負越してしまった安芸ノ海は、前頭4枚目に番付を下げましたが、同じく8連勝と絶好調です。

前場所70連勝を阻止された、同じ8連勝中の安芸ノ海が相手とあっては、観客にとって注目の大一番で、二人が控えに座っているだけで、国技館の大鉄傘が揺らぐほどの熱気でした。

## 11 波の相撲への転換

仕切りをくり返すうちに顔面が青白んだ安芸ノ海は立ち上がるや、受けて立った双葉山の懐に「電光石火」と形容される素早さで飛び込んで、両前褌を取り、頭をしっかりつけ、前場所と同じような体勢になります。

安芸ノ海がじりじりと寄っていきますが、双葉山も今度は左でマワシを取り、強引な技はしかけません。頭をつけて寄っていく安芸ノ海の方が苦しそうに見えます。

その後、双葉山が寄り返し、安芸ノ海の下手を右からしぼり上げるようにして前に出て右で上手も引くと、安芸ノ海の腰が伸び、左から投げを打って出ていったところで勝負が決しました。

土俵際の腰の落とし方も十分で、まだ余裕もありましたから、終わってみれば双葉山の完勝といえる一番でした。また、攻めは一分の隙もなく、心氣體のバランスがとれた、双葉山らしい相撲でした。

初め安芸ノ海がいい体勢になったように見えながらも苦しそうだったのは、双葉山の重みのかけ方が良かったからでしょう。安芸ノ海が寄っていくほどに、双葉山が脱力して上體の重みを安芸ノ海に預けていったから、安芸ノ海はどんどん苦しくなっていったのです。

双葉山が上體の重みを預けて相撲を取れたのは、まさに力の相撲から波の相撲へ転換したからでしょう。重みを預けることとは、即ち重力を最大限に利用することですから、筋肉の力は抜かなければなりません。そして上體の力を抜くためには、腰の備えがしっかりしていなければなりません。腰が割れ、安定した下半身が備わって初めて、上體をゆるめ重みを相手に預けることができるのです。

## 12 「心氣體」と「心技体」

これが腰で相撲をとるということですが、心にしこりをつくらず、重心を腰に据えなければ、つまり心氣體を統一しなければ、腰で相撲をとることはできません。近年「心氣體」は、「心技体」

「心技体」はあくまで表層であり、その深層部に「心氣體」がある。

という言葉に置き換えられて使われていますが、「心氣體」と「心技体」は似て非なるものです。

「氣」はエネルギーで、宇宙の原理そのものですが、「技」は人の動きの巧拙であり、「スポーツ」という概念から生まれたものですから、そもそもの成り立ちからして明らかに次元が違います。また「體」の字は「からだ」の奥の骨まで思い起こさせますが、「体」は「からだ」の表面、即ち筋肉的でしかありません。

フロイトやユングの研究によると、「心」にも無意識的な深層の心と、表層的な心の次元の違いがあるそうですから、「心氣體」と「心技体」では、すべてにおいて次元が異なるといってよいでしょう。奥深い双葉山の相撲には、「心技体」よりも「心氣體」のほうが相応しいと思います。

# 第2部

# 力

## （体の動かし方について）

# 第1章　仏壇返しの力学

## 1　太刀山の仏壇返し

太刀山は、「四十五日の鉄砲」と共に「仏壇返し」の荒技も有名でした。仏壇返しは、呼び戻しや揺り戻しとの別名があるように、自分の方に呼び込んでおいて、相手が嫌がって離れようとする力を利用してひっくり返す技ですから、大きな力はもちろんですが、タイミングを合わせることと、全身の力を集中させることが肝心になります。

太刀山の場合、まず左手で相手を抱え込むかマワシを取って引き付けると、相手は引き付けられまいと踏ん張りますから、そこを引き付けた左手を支点に、足を大きく踏み込みながら差した右の腕《かいな》を相手に突きつけるように大きく返します。相手が踏ん張っている力と同じ方向に太刀山

初代若乃花による「仏壇返し」。一名「呼び戻し」とも呼ばれるこの技は、一旦、自らの懐へ呼び込んだ相手が、これに反発して離れようとするのに合わせ、逆側へ大きく振り出すことで投げ倒す、相撲の手の中でも最も豪快な技の一つ。

の力が大きく瞬時に働きますから、太刀山の太い右腕が、足で踏み込む勢い（運動量）と相まって、相手の体を持ち上げながら回転させるのです。まさしく全身を使った合理的な技です。

## 2 力とは何か

このとき、正確には「力」というよりも「運動量」が瞬間的に相手に伝わっています。一般に運動量というと、「今日もたくさん歩いたから良く運動した」などという意味と混同しがちですが、物理学では、運動した量ではなく、運動の勢いを指します。

力とは何かを突き詰めていくと、これはかなり難問です。我われは、「力」を当たり前に感じていますが、感じることはできても、目で見ることはできません。また、例えば力士でもない一般人のAさんがやはり一般人のBさんを押して動かすことができたとしても、それと同じ力でAさんが太刀山を押してもびくともしません。元よりAさんが押している力は、太刀山にはほとんど感じられないでしょう。つまり押したり引いたりすることで力を感じることはできても、感じ方は人によって随分差があるのです。

その曖昧だった力を運動との関係で明らかにしたのが、ニュートンです。ニュートンは、速度と方向の変化を運動の変化と呼び、運動を変化させるものを「力」、運動の勢いを「運動量」と定めました。運動量（P）は、質量と速度の積（m×v）で表されます。

# 3 四つ相撲は「力」を使い、突き押し相撲は「運動量」を使う

相撲でいうと、相手に密着して手で押したり、マワシを掴んで引き付けて前に出ていったりするのは「力」を使っており、一方立ち合いから相手を吹っ飛ばすのは、「運動量」を使っています。つまり、常陸山や梅ケ谷は「力」を使うのが得意で、太刀山は「運動量」を使うのが得意ということです。

太刀山の場合、重心が高く下半身が固いという欠点を自覚しているため、組んでしまった場合でも、力ではなく、得意な運動量を使いたいわけです。それでマワシをつかんで投げたり寄ったりするのではなく、仏壇返しという荒技を使うようになったのでしょう。太刀山はつまり、自分の得手不得手をわかった上で荒技を用いています。不器用ながら自分の体に合った相撲を追求し尽くした結果が、太刀山の仏壇返しであり第1部で述べた鉄砲（双手突き）だったのです。

運動量は「質量×速度」で表されるように、できるだけ大きな質量をできるだけ速い動きで

同じ坂道を転げ落ちる岩でも、人の倍ほどもある大きな岩と、掌に載るような小さな石では、その迫力、恐怖感には雲泥の差が生じる。

相手に与えることが大切です。石が坂道を転がり落ちてくるのを想像してみてください。人間の体を上回るほど大きな石と、拳の大きさの石とでは私たちの受ける恐怖感はまるで違います。ただ、拳くらいの石でも、近くから投げつけられると速度は大きくなりますから、これもまた大きな運動量となり、危険この上ありません。このようなぶつかってくる勢いのことを運動量、英語ではmomentum（勢い）と呼びます。

この「運動量」を生み出すのが「力」です。坂道を転がる石には、地球によって引っ張られる力、すなわち重力が働いていますし、石を投げる場合には人間の筋肉が力を発揮しています。石を動かすのが「力」で、石の動く勢いが「運動量」ですから、石が大きければ大きいほど、動きが速ければ速いほど、ぶつかる勢いが増し、運動量は大きくなるのです。

## 4 全身をつなげ一拍子で動かす

別の角度から再度「仏壇返し」について考えてみましょう。太刀山には大きな体がありますから、それを全部一緒に使えればより大きな運動量になり、その大きな体を瞬時に動かすことで、あの凄まじい仏壇返しの荒技が生じます。このとき肝心なのが全身を一緒に動かすことです。差した腕を大きく返すことで全身がつながり、全身を一塊にして動かすことができます。太刀山の太い腕によって、脇の下を捻りを加えながら斜め上方に向かって勢いよく突かれると、大きな力士でも一たまりもなくひっくり返ってしまうのです。

前に紹介した『五輪書』の〝一拍子〟とは、構えている太刀を振りかぶったりすることなく、敵がどう動こうか決める前に、無心のまま打つ拍子のことです。太刀山の仏壇返しは、全身を瞬時につなげ、まさに一拍子で行っているから見事に決まるのでしょう。

## 5 腕を返して全身をつなげる

力士が柱に向かって行う「テッポウ」は、片方の腕は脇を開けて腕《かいな》を返すのが鉄則です。相

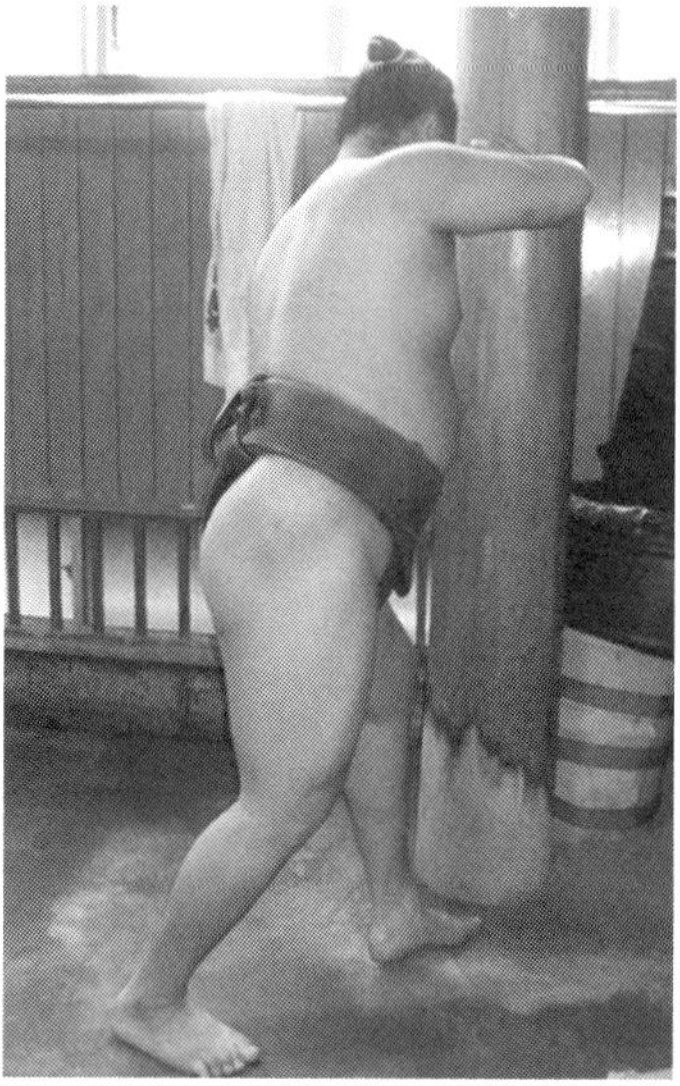

柱へ向かって張り手を突き入れる「テッポウ」の稽古では、一方の腕を大きく脇を開け、腕（かいな）を返すようにしている（写真の右腕）。これにより、全身のつながりが作られている。

撲においては「脇を締めろ」といわれるのに、矛盾するのではないかとも思われますが、実は腕《かいな》を返すことで全身のつながりを作っています。

脇の開閉は、肩甲骨を自由自在に使うためには必要なことで、締めるときは締め、開けるときは開けることが大事なのです。人間も、元をただせば四つ足動物ですから、腕は前脚です。前脚を正確かつ豪放に動かす元になるのが大きな三角形の肩甲骨で、肩甲骨を自由自在に動かすのは非常に重要なことです。肩甲骨を動かし前脚だった腕を体につなげるために行うのがテッポウなのです。

太刀山の腕がいくら太くて大きいといっても腕だけの質量は、たかが知れていますが、腕が

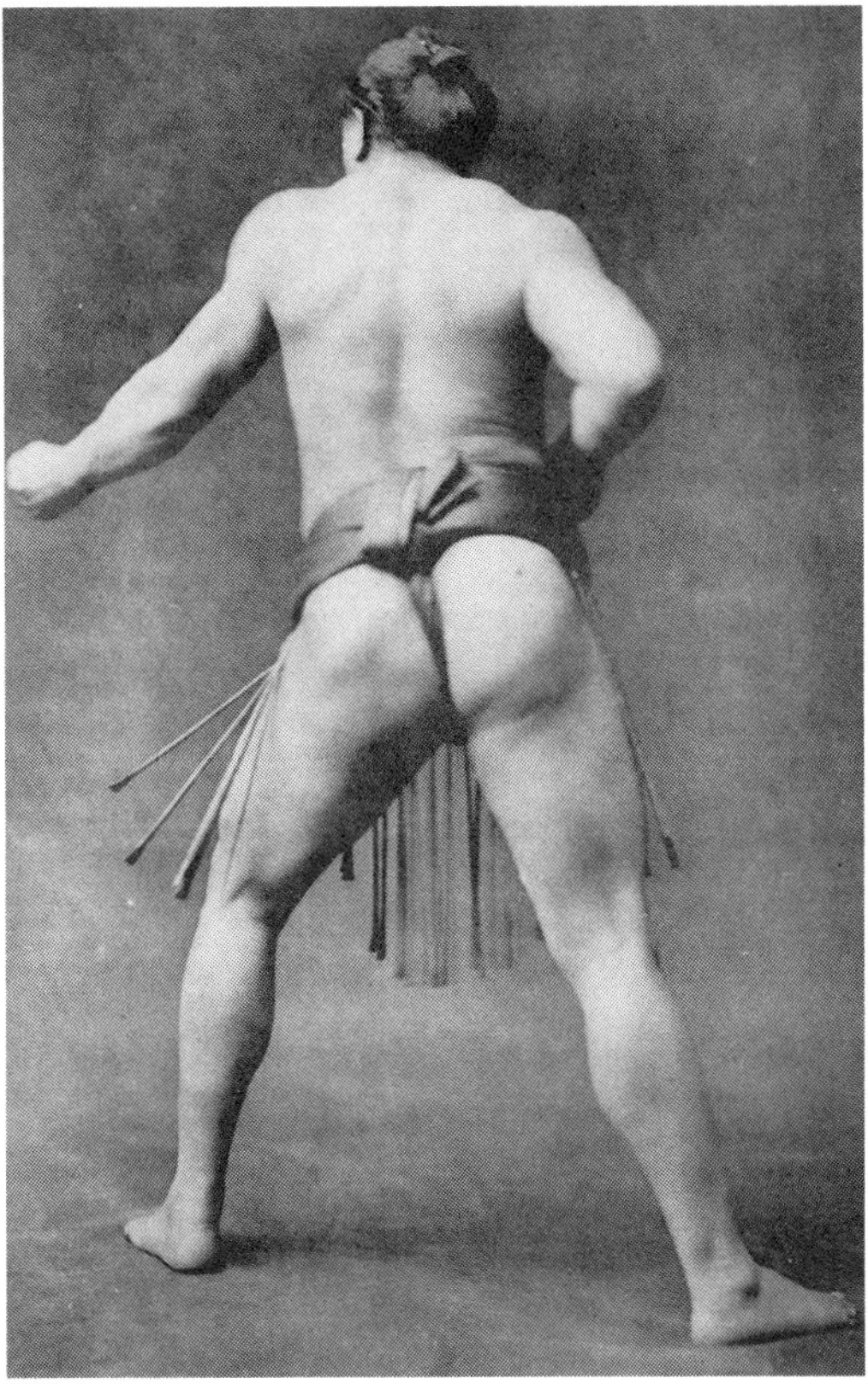

鍛え抜かれた横綱・太刀山の肩甲骨（1917年刊「引退記念誌」より）。打撃系格闘技の練達者を彷彿させる後ろ姿であり、その所作は古流柔術の当身にも一脈通じているようにも思える。

全身につながれば、太刀山の全体重が質量として使えますから、質量（m）の数値は、途轍もなく大きなものになります。そして、その大きな質量を一瞬のうちに動かすのですから速度（v）の数値も大きくなり、大きな運動量となって相手に襲いかかります。仏壇返しは、一見したところ力任せの荒技のようですが、理に適った力学的な技といえます。

# 第2章　横綱常陸山の相撲に見る重力と重さ

## 1　太刀山を育てた横綱常陸山

太刀山を強豪力士に育て上げたのは第19代横綱常陸山でした。太刀山が幕下から十両に上がっていくに連れ、部屋には稽古をつけられる力士がいなくなっていきました。当時は東西対抗制で、太刀山と常陸山は反対陣営だったのですが、師匠の友綱親方から太刀山の稽古相手を頼まれた出羽ノ海部屋の常陸山がそれを快く引き受けたことによります。

常陸山は、水戸藩士の長男として生まれ、それまで「野蛮な裸踊り」と形容されることもあった相撲の世界に、「力の士《さむらい》たれ」と、武士道精神を持ち込み大相撲の地位向上に努めました。現役中に欧米各地を歴訪し、アメリカではルーズベルト大統領と面会し、ホワイトハウスで横綱土

横綱・常陸山の土俵入り。

俵入りを披露したこともありました。その功績から御大《おんたい》とか角聖と称されました。

全盛期には身長175cm、体重146kgの、当時としては巨躯を誇り、怪力でも知られた常陸山は、相手に差させて腕を極めて出す「泉川」を得意技として、明治36年に梅ケ谷と共に横綱に昇進して明治の大相撲界を牽引しました。ここでは、国技館建設にも大きく寄与した常陸山の相撲について探求してみたいと思います。

## 2 別格の強さと重さを誇った常陸山

太刀山は、稽古をつけてもらっていたためか、始めのうちは常陸山にまったく勝てず、引分を挟むと4年近く一度も白星を上げられませんでした。

常陸山は、受けて立ち、相手に取りたいように取らせ、つかまえると軽々と吊り出したり泉川に極めたり、その強さは驚異的でまさに盤石の横綱相撲でした。体重は145kgですから確かに重さはあったのですが、体重が同程度の力士に比べてもより重く感じられました。

そもそも体重や重さとは、地球と人間の間に働く万有引力です。質量を持ったもの同士の間には引力が働き、土俵上で戦う力士同士にも引力が働いています。しかし、私たちが引き合う力は、ごくごく小さく、ほとんど問題になりません。それに比べて、地球と我々が引き合う力は桁違いに大きく、それを重力と呼んでいます。

我われにとって重力は当たり前すぎるものなので深く考えてみることはありませんが、ニュートンが発見した万有引力の一つです。すべてのものに働きますから「万有引力」といいます。ただ、人間同士には、やっと見える砂粒ほどの重さの力しか働きませんから、感じることすらできません。したがって人間同士や他のものとの引力は考える必要がなく、地球との万有引力だけが問題になります。

すべてのものに同じように働いているのだから、同じ重さなら誰でも同じように押しにくいし倒しにくいはずですが、常陸山の重さが別格に感じられるのはなぜなのでしょう。

ただ立っている丸太棒を押し倒すよりも、こちらへ傾いている丸太棒の方が自分にその重さが寄りかかっている分、重く感じて倒しづらい。

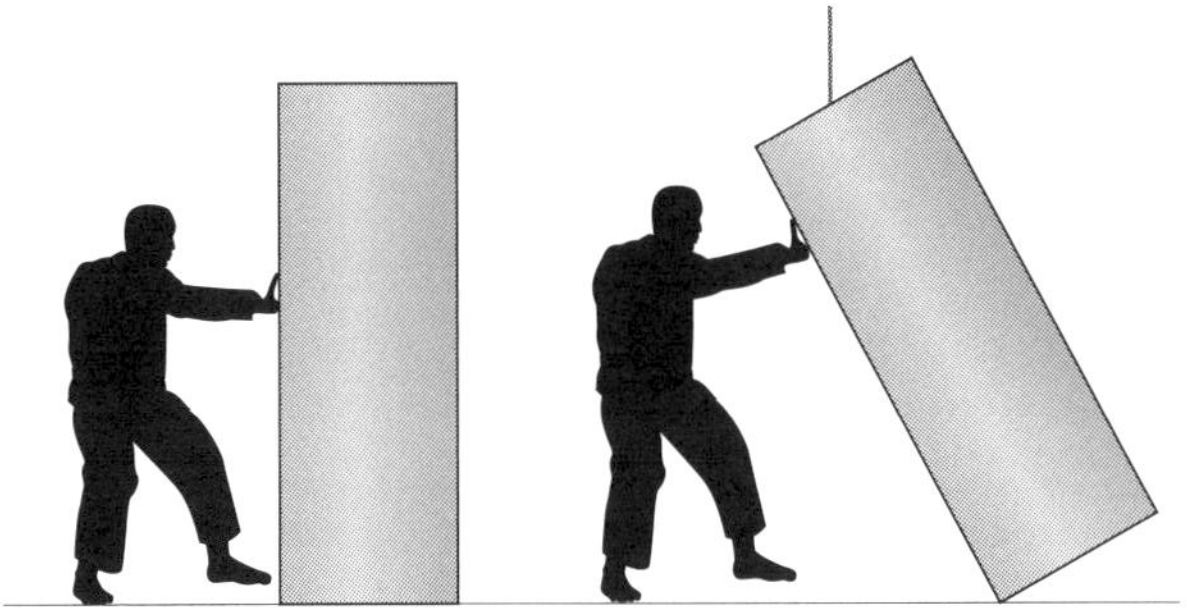

## 3 重い丸太棒、重くない丸太棒

常陸山と同じ重さの145kgの大きな丸太棒を2本用意します。1本の丸太棒は、ただ真っ直ぐに立ててありますが、もう1本は、上から吊り下げ、ある角度を持って前に傾けてあります。押すとしたらどちらが重く感じるでしょうか。

真っ直ぐ立ててあれば、重さを感じませんが、こちらに傾いていれば重さを感じます。真っ直ぐに立っているだけの丸太棒は、145kgの重さがあっても、こちらには何の影響もありませんし、そんなに強い力でなくても押せば、ゴロンと転がってしまいます。まさに木偶の棒です。

物理学では「基底面」という言葉を使いますが、重心が基底面（支えている面）から外れれば、丸太はゴロンと転びます。丸太は、まだ基底面が円の大きさを持っていますが、これが常陸山を模した同じ重さのブロンズ像だったらどうでしょう。支えとなる基底面は、両足の狭い範囲ですから、不安定この上ありません。それでどんなブロンズ像も、足の下に広い台座が置かれるわけです。

人間が二本足で立つのがいかに難しいことなのかおわかりいただけるでしょう。ましてやぶつかり合い、押し合う相撲はなおさら難しく、絶妙なバランスを取り合わねば成立しません。

## 4 重力を利用して相撲を取る

例えば、常陸山と同じ１４５kgの素人が土俵上である力士と対峙しているとします。その素人は、ただ立っているだけの丸太棒のようなものです。相手に押されれば、自分の重さで簡単に後ろにひっくり返ってしまいます。仮に、その丸太棒が向かってきたとしても、少しいなす（横から突き落とす）だけで、すぐにゴロンと転がってしまうでしょう。

一方、上から吊られて一定の角度を保って向かってくる丸太棒を想像してみてください。こちらは、常に相手に重さを与え続けることができます。そしていなされても、すぐさま向きを変え子供ひとりを相手に相撲をとるのは容易だが、たくさんの子供たちにあらゆる方向から押されると、一人ひとりは小さな力でも対処するのに苦慮する。

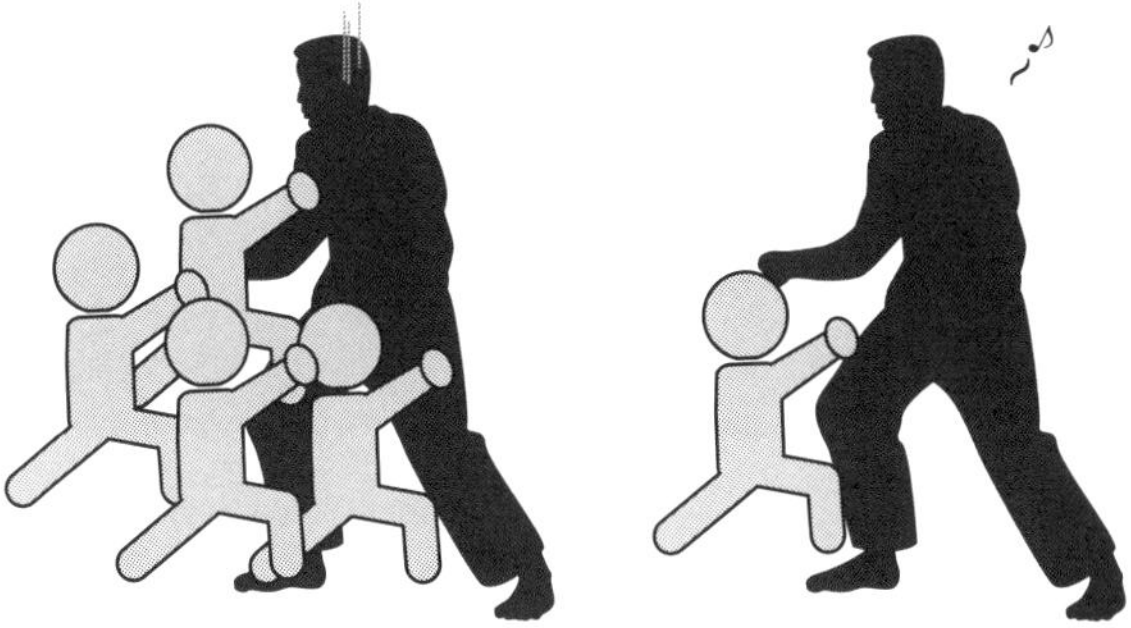

相手に対することができます。

大切なのは、重力を使って相手に重さをかけることができれば、力が途切れないということです。筋肉を使って出す力は、脳からの指令により筋肉が収縮することで起きる力ですから、非常に短いとはいえ、時間がかかります。また、途切れ途切れになってしまいますから、その分、相手も反応しやすくなります。ところが重力による力は、途切れることなく常に働きますから相手は休む暇がありません。大勢の幼稚園児と綱引きをすると、一人ひとりの力は弱くても、力が途切れないから思いの他苦戦するものです。

常陸山は体重を預け相手に力をかけ続けているため、相手は体重以上の重さを感じ、それが途切れることのない重さだから、押しているうちに疲れ切って、どうしようもなくなってしまうのです。

常陸山（左）対国見山。腹から相手へのし掛かるように相撲をとる常陸山に動きを封じられ、いかにもやりにくそうな国見山の様子が見てとれる。

相手に思う存分力を出させて、そのあと難なく料理してしまう常陸山の強さの秘密は、重力を最大限に利用する体の使い方と、重さのかけ方にあるのでしょう。重力を使って相手の押しを受けていれば、こちらの疲労は小さく、相手の状態も肌で感じられますから、相手に隙が見つかれば瞬時にそこを攻めることもできます。

人間の体は6〜7割が液体でできていますが、力みがあると筋肉が硬直して固体に近くなることもあります。そうすると重力に抗うことになり、力めば力むほど相手にとっては軽くなってしまいます。とりわけ相撲のように、互いにぶつかり、押し合う場合は、体を固めがちですから、それでも体をゆるめて相手に体重を預けるのは、至難の業です。体の軸をしっかり作り、その角度を崩さずに相手に対しなければなりません。体をゆるめ自分の重さを無駄なく相手にかけられるのが常陸山の素晴らしさであり、それができるのは、あの腹であり丹田によるのでしょう。あの大きな腹こそが、常陸山の重さを支えているのです。

## 5 重さ（重力）の向きを揃える

重力は「力」ですから、大きさと方向を持っています。人間の体は、頭、胴体、腕、脚など、いろいろな部位に分けることができますが、たとえば右腕と地球との間には重力が働いていますし、それは左腕や右脚などにも同じことがいえます。これらの重力をすべて合わせたものが、その人にかかる重力です。

常陸山は、相手が押してくる力に対し自分の重力が最大限に活きるよう体の角度を微調整しているのでしょう。もし肩に力みがあったり、重力に抗う動きをしたりすると、重力が一部打ち消されて軽くなり、重心が上ずってしまうことからバランスを崩しやすくなります。

常陸山の姿からまったく力みのないズシリとした重さが感じられるのは、重力の向きが全身できれいに揃っているからです。重力の向きが揃った常陸山は、磁石の「相転移」に近い状態にあるのでしょう。鉄やコバルトは原子そのものに磁石の性質がありますが、向きがバラバラなので、それだけでは磁力を持ちません。しかし、磁界の中に置くと、バラバラだった原子の向きが揃うことで磁力を持ち、磁石となります。一つひとつの原子の向きが揃うことで大きな力となりますから、重力の向きが揃うと、１００％といえる重さを相手にかけることができるはずです。

常陸山の土俵入りを見ると、ズシリとした重さとともに吊られているようにも感じられます。不思議なことかもしれませんが、力を伝えるのは筋肉だけではなく、重力や電磁力は何もない空間で力を伝えますから、有り得ないことではありません。

アインシュタインは、重力について洞察を深め一般相対性理論を発表しました。そのきっかけとなったのが、「落ちていくときには自分の重さを感じない」という考えだったそうで、このアイデアを彼は「生涯で最高のひらめき」だったと後に語っています。落ちていけば重力が消えることを発見し、重力と加速度が等しい価値を持つ（区別がつかない）という「等価原理」を発表しました。

武術の世界には、両足にかかっている体重を抜く「浮き身」という身体操作法があります。落ちることによって重力が消えるという「等価原理」を遥か昔から「浮き身」という極意で体現し武術的な「浮き身」を体現する振武館の黒田鉄山師範。まるで頭頂から吊り上げられるかの如く、座構えから居合腰へと変化する。その時、脚（下半身）は自由を保たれている。

ていたのです。

## 6 四股を踏んで重力を操作する

四股は、片足に体重をかけて重い体を持ち上げ、「ドスン」と力強く下ろす印象がありますが、戦前の力士の映像を見ていると、上から吊られているようにスッと足を上げ、重力を利用して「ストン」と落ちていくように足を下ろしているようです。そういう動きが身につくと一瞬でも重力を消すことができますから、「浮き身」となって自由自在に動けます。

つまり四股は、「浮き身」を身につけるために踏むのです。何百回、何千回と踏む

四股を稽古する力士たち。ドスンッと力強く脚をおろすイメージがあるが、番付が上がるにつれ、上から吊られているようにスッと足を上げ、重力を利用して「ストン」と落ちていく感じが強くなる。

ことで、重力を消す動き、即ち重力から解放された動きが身につき、それが、武道でいう「居着かない動き」につながります。あの単純な動きは重力を操ることにつながっていたのです。

重力は、なぜ起きるのか、なぜ離れていても届くのか、その本質は何もわかっていませんが、謎なものを謎なまま取り入れて体現していくことが武術や相撲の懐の深さといえるのではないでしょうか。

# 第3章 梅ケ谷の相撲に見る腰の重さと前捌き

## 1 〝腰が重い〟は、相撲界では誉め言葉

一般的に〝腰が重い〟というと、「なかなかその気にならない」とか「行動を起こすのに時間がかかる」等、消極的で鈍重な、マイナスのイメージがありますが、相撲界においては、大いなる誉め言葉になります。

相撲界で使われる「腰が重い」という言葉には、攻める方にとっては、重心を捉えづらく柔らかで、単なる体の重さのみでない、臼のような重みや、押しても手応えを感じにくい、何とも形容し難い重さというニュアンスが含まれます。ですから体重があっても腰の軽い力士がいる一方、体が小さくても腰の重さを持った力士も存在します。

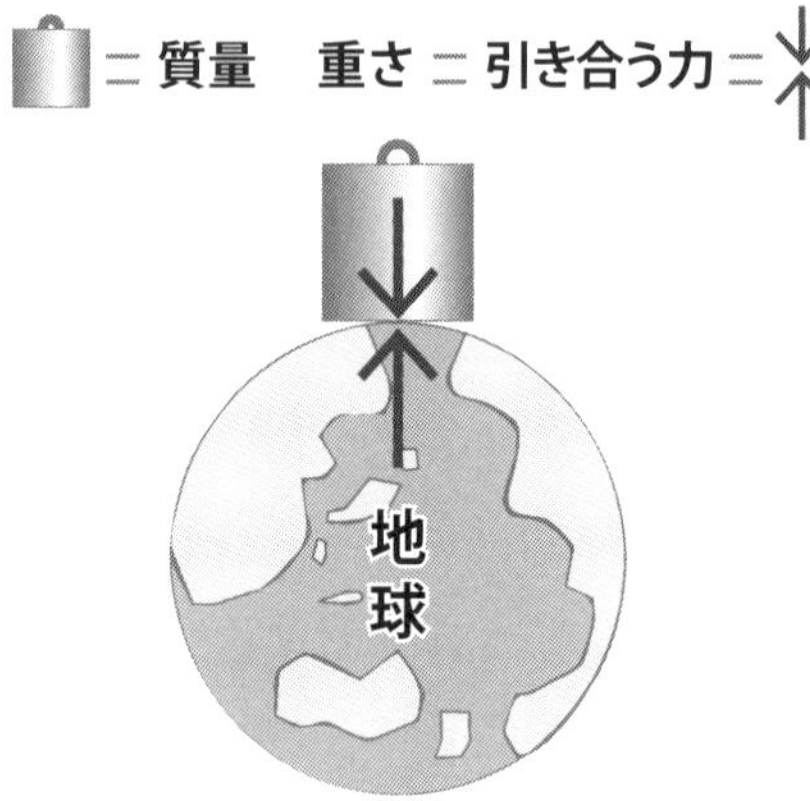


「質量」とは物体そのものの量だが、「重さ」は地球の重力、すなわち物体と地球が「引き合う力」を指している。

梅ケ谷と常陸山は共に、腰の重さには定評がありましたが、その重さには、剛と柔の違いがあるように思われます。「腰が重い」状態には、如何なる力学が働いているのでしょうか。また、梅ケ谷は前捌きの巧さにも定評がありましたが、その前捌きについても、物理学的に考察してみます。

## 2 「重さ」と「質量」

前述の通り、「重さ」とは地球と人間の間に働く重力、すなわち万有引力のことですから、「重さ」という場合は、地球と人間が引き合う「力」を指します。

「重さ」は「力」ですから、地球上と月面で「重さ」が変わるように、場所や状況により変化します。一方、「質量」とは、そのものが元来持っている量ですから、地球上でも月面でも値は同じです。すると、１４０kgの同じ体重の力士の場合、「質量」は同じ140kgですが、「重さ」は同じとは限りません。体重を測るために静かに秤に乗ったときは、体重の「重さ」と「質量」は同じと考えて差し支えありませんが、土俵上で相撲を取るときには、重心の位置や構え、力み具合等によって「重さ」は時々刻々と変化しているはずです。

## 3 腰の重さとは

同じ体重でも軽く感じる力士もいれば、体重以上に重く感じられる力士もいます。「重さ」は「力」ですから、大きさと方向を持っています。重力に抗う動きや肩に力みがあると、地球の中心に向かっている「力」を打ち消し、かつ方向がずれてしまうために軽くなります。一方、重心が身体の中心である丹田にしっかりと収まっていると、動きが安定し、「力」の向きが揃いますから、その重さが十二分に活かされます。梅ケ谷も常陸山も、重心が他の力士に比べてしっかりと丹田に収まっていたから、腰の重さと強さがあったのでしょう。

あえて「腰の重さ」と表現されるのは、腰すなわち丹田付近にしっかりと重心を据えて相手に対すべきとの考えからだろうと思います。また「腰」とは単に腰腹部を指すのではなく、全身的な構えや繋がりも含まれますから、「腰をつくる」ためには、余分なところに力を入れない、相手からの力の大きさや方向をしっかり捉える等、非常に複雑な要素が必要になります。丹田に深層的な意識を常に置くことができてはじめて、「腰」ができるのですから、一朝一夕にはいきません。「腰」をつくるだけでも困難なのですから、さらに「重さ」を加えるとなるとなおさら大変なことです。

## 4 常陸山と梅ケ谷の腰の重さの違い

さて、常陸山と梅ケ谷の腰の重さについて考えてみましょう。両者とも大きな力士に分類されますが、身長は常陸山の方が7cm高く、体重は梅ケ谷の方が10kgほど重いという違いがあります。そういう体格的な差よりも、もっと注目すべきは、常陸山は幼少の頃から剛力で知られ膂力にも優れていたのに対し、梅ケ谷は大きさと柔らかさはあったものの、比較的非力な部類に入る点です。

その違いは二人の相撲っぷりにも表れています。常陸山が、時々強引とも見える相撲を取るのに対し、梅ケ谷は、徹頭徹尾細心の注意を払って相手に対し、巧みな前捌きで自分有利の体勢に持ち込むのを得意としています。

常陸山の腰には、剛力や懐の深さのある力強い上半身と連動した〝剛重〟な重さがあり、梅ケ谷には、非力な上半身に頼ることなく巧みな前捌きと柔らかさで相手の力を削ぐ〝柔重〟な重さがあります。「腰の重さ」には、体質や性格が反映されるのかも知れません。

ただ、二人に共通するのは、重心が丹田からぶれないことです。重心が丹田に収まっていますから、上半身の重みを相手に預けることも、相手の攻めを懐の深さで吸収してしまうこともできます。

## 5 重心の位置により重さが変わる

重心が丹田に収まっている場合と、肩に力が入って重心が上ずっている場合とで、重さが変わるのは何故でしょう。重心が丹田にあろうが力んで肩にあろうが、両者を秤に乗せると、同じ目盛りを指すでしょう。

しかしそこにはさきほど述べた「質量」と「重さ」の違いがあり、「重さ」は「重力」すなわち「力」です。「力」は、大きさと方向を持ったベクトルで、矢印で表すことができますから「重

（ア）は重い箱が上、（イ）は重い荷物が下で（図1）、一見、（イ）の方が安定しているようだが、重ねた箱がズレているのがポイント。重さが、持ち手から離れている（イ）の方が断然、重く感じられる（図2）。

（図1）

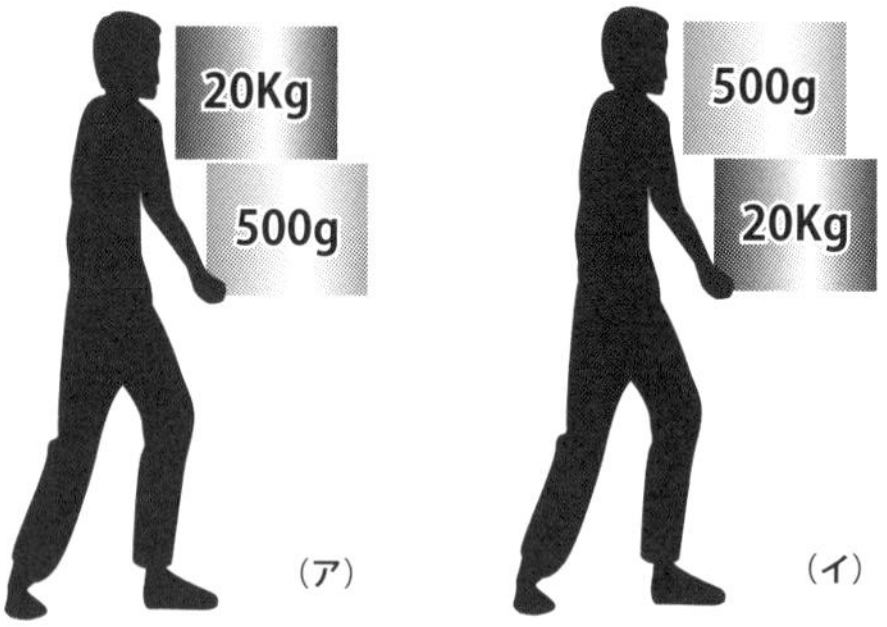


（図2）

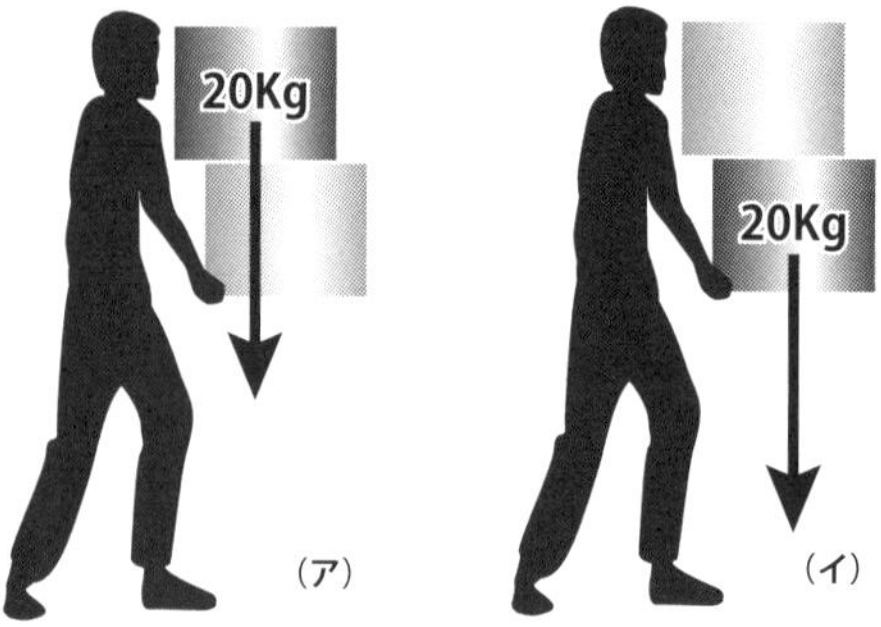


力」は常に重心にかかります。すると、「力」を表す矢印の大きさは同じでも、矢印がかかる場所が違ってきます。

　同じ大きさで重さの違う２つの箱を積み重ねた場合を図にして考えてみます。なるべく体に近づけた方が持ちやすいので、上の箱を少し体側にずらします（図1）。（ア）と（イ）では、どちらが持ちやすいでしょうか。それとも変わらないでしょうか。

片方の箱は空で、箱だけの重さの500gとし、もう片方には米が満杯に入っており20kgとすると、重心は重い方の20kgの箱にかかります（図2）。

（ア）なら、20kgの箱の重心が、持つ人の体に近くなりますから（イ）より少し楽に持てます。登山時の荷物は、軽いものを下に、重いものを上に詰めて背負った方が持ちやすいというのも同じ理屈です。力士が四つに組み合ったときにはお互いが前傾姿勢になっていますから、上半身に重心があるほうが相手にとっては軽くなるのです。

## 6　腰の中を融通無碍に動き回る重心

意識によって重心の位置が変わるというのは不思議な現象です。意識の世界は複雑すぎて、最新の科学でもまだまだ手に負えないようですが、そもそも日本人は、「丹田を意識する」とか、「肚や腰をつくる」とかいうように、ある箇所に意識を置くことによって心や体が整い、優れた心身の状態ができることをわかっていました。武士が肚を切ったのも、人間として一番大切なものが肚にあるという共通の認識があったからです。

相撲の伝統儀式「三段構え」を演じる常陸山（左）と梅ヶ谷の両横綱（1909年６月２日、旧両国国技館開館の際に行われたものと思われる。写真は、「攻撃の体」と呼ばれる中段の構え。写真提供／市毛弘子）。両横綱の体格の違いがよく分かるが、両者ともに腰の入った、安定した身勢が素晴らしい。

これは逆に、丹田や肚、腰に意識を置くことが、いかに難しいかを表しています。肚をつくるために座禅を組んでも、意識は頭の中をグルグル回るばかりで丹田に収めるのは至難の業なのだから、いわんや相手がいる相撲においてをやです。意識によって重心の位置が変わるというよりも、意識が定まらないので、重心が定まらないという方が理解しやすいかも知れません。

ただ、「腰が重い」というのは、重心が丹田にピタリと収まっているのではなく、丹田を中心としながら「腰」の中を前後左右上下に動き回っている状態で、動き回るから捉えようがなく、より重さを感じるのではないでしょうか。つまり融通無碍な重心が「腰の重さ」をつくり出しているのです。

## 7 秋猴の身とは

次に梅ケ谷の前捌きについて考えてみたいと思います。梅ケ谷は、元来左四つですが、双差しになるのも上手でした。その一番の要因は、肩と肘の使い方の巧さにあります。つまり肩と肘を前で使えていたということです。もちろん、誰もが前で使っているのですが、全身、特に腰や肩甲骨が相手に比べて前に出ていた分、肩や肘も前で使えていたのです。

肩や肘を少しだけ前で使うことで、何が違ってくるのでしょうか。対人競技では、〝間〟の大切さが説かれます。「間合い」の〝間〟です。〝間〟を制するために重要なのが、肩や肘を少し前で使うことなのです。肩やそれを支える腰、さらに肩甲骨、それから肘というように、少しずつ前に出していくと、それぞれはわずかな動きでも、それが二段三段と重なることで、相手が動き出す前に機先を制することができます。梅ケ谷の場合、相手にとって差し手争いをするはずの間合いよりも手前で、梅ケ谷の肩や肘を迎えることになりますから、わずかですが間合いをずらすことができるのです。

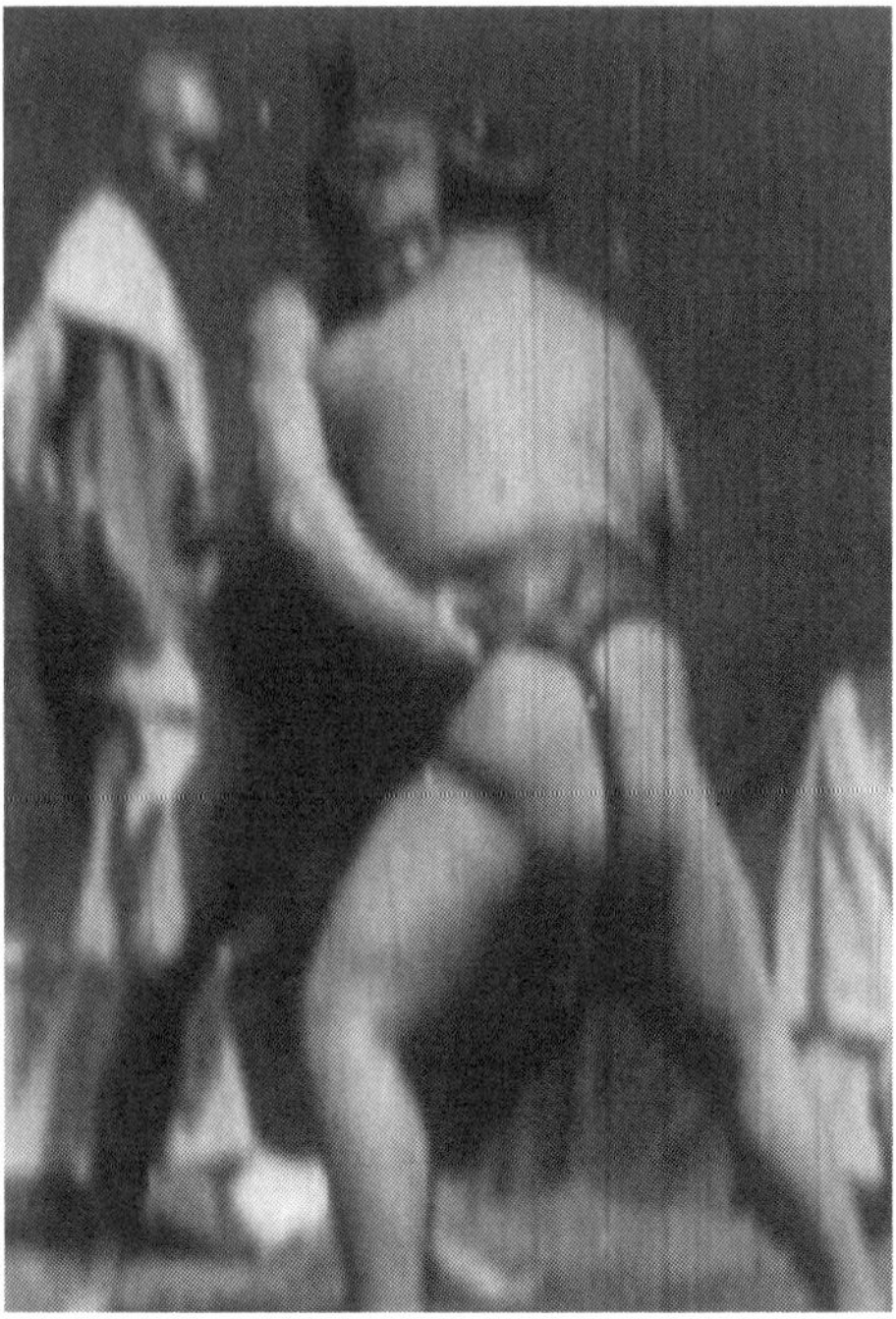

得意の左四つに組み合う梅ヶ谷（背中側）。正面から相手を受け止め、がっぷり四つに組む相撲が梅ヶ谷の真骨頂となる（日本相撲協会資料映像より）。

それはまた、武蔵が『五輪書』で説く「枕をおさゆると云ふ事」、そして「しうこうの身」にも通ずる動きです。「枕をおさゆる」とは即ち「枕を押さえる」で、文字通り敵がやろうとする気配を起こす前に察して、敵が打とうとする、その「う」の字の所で押さえて後をさせないようにすることです。「しうこう」は「秋猴」と書き、手の短い猿の意で、「しうこうの身」とは、手を出すのを我慢して、身体を先に寄せることを意味します。手だけを出そうとすると身体が遠退き腰が引けた状態になってしまうので、身体を先に寄せろというのです。

## 8 腰を入れて使うための稽古法

剣においても相撲においても一番大切なのは「腰」ですから、腰を入れて相手に対することができれば、前捌きは巧くなるのが道理です。

その意味で、前捌きの巧さは、手先が器用だとか巻き替えが速いとかいうことでなく、いかに腰を入れて全身を使えるかが根本的な問題になります。梅ケ谷の相撲は、腰を寄せるのが巧いというより、常にそういう意識を持って相撲を取っているように見えます。相手に腰を寄せ、肩や肘を前で使うことで、非力な上半身を補っているというよりはむしろ、上半身が非力だからこそ、腰を寄せて相手の力を封ずる前捌きを覚えていったのでしょう。

相手にとっては、腰を寄せられることで自分が予想しているよりも手前に肩や肘がある上に、下からどんどん入ってくる梅ケ谷のあの大きな腹の圧力も加わりますから、対処しなければならないことが二重三重になって、結果的に梅ケ谷の有利な組み手になってしまいます。ほんのわずかな腰の入り具合が、前捌きの巧拙に関わってくるのです。

しっかりと腰の入った梅ヶ谷の攻め（背中側）。この攻めによって、相手は完全に浮かされてしまう（日本相撲協会資料映像より）。

相撲の稽古では、「四股は羽目板の前で踏め」と教えられますが、これも腰を入れて前で使うための指導です。羽目板に近づいて四股を踏むと、前かがみになることができませんから、自然と上半身が真っ直ぐ立ち上がって腰が前に入ります。テッポウでも「腰を入れて突け」と指導されますし、「手と腰と足を一緒に出せ」とは、腰を入れる動作を全身につなげるための教えなのです。

このように考えると入門したばかりの力士たちが苦労する「股割り」も単に体を柔らかくするためではなく、腰をしっかり前で使うための稽古であることが見えてきます。単純で簡単に見える相撲の稽古には、「腰を入れて使う」という共通した奥深い意味があるのです。

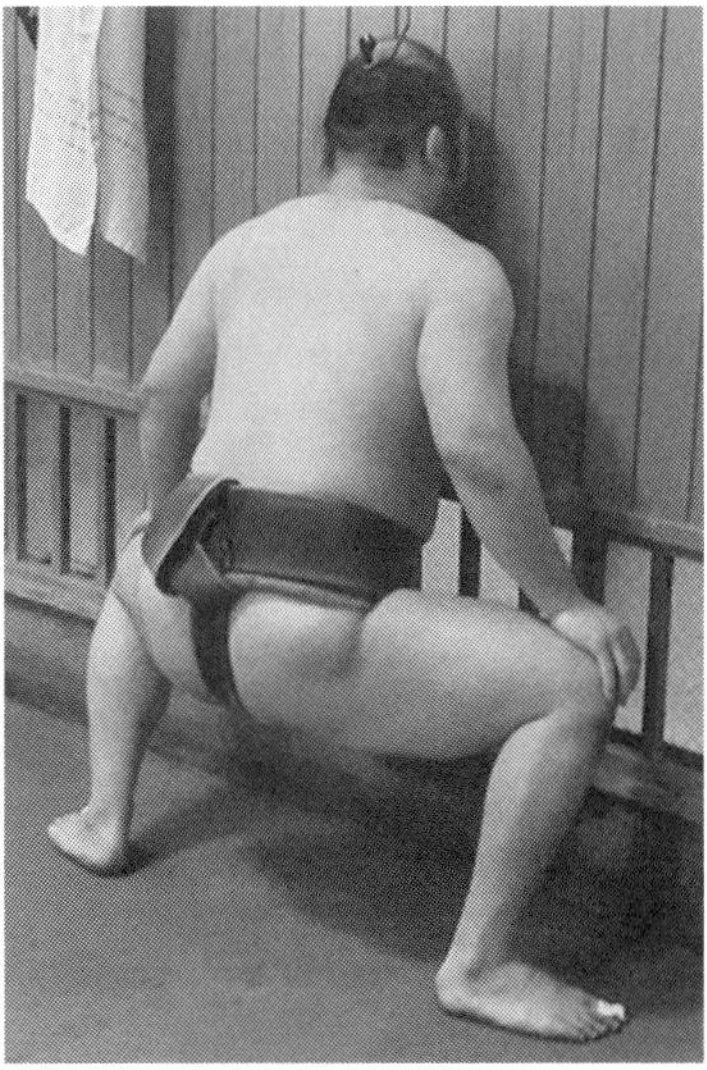

稽古場の羽目板へ向かって四股を踏む力士。相撲部屋の伝統的な稽古法の一つであり、これも腰を入れて前で使うための指導なのだろう。居合においても、右手で刀を抜かないよう、壁の前で腰の刀を抜く稽古があるが、前かがみになることを防げる優れた稽古法だ。

同じく相撲における代表的な稽古の一つ「股割り」。これも「腰をしっかり前で使うため」であることが見えてくる。

# 第4章 梅ケ谷の相撲に見る仕切りと立合いについて

## 1 20代横綱梅ケ谷藤太郎

常陸山と共に明治後期の大相撲黄金期を築いたのが、第20代横綱2代目梅ケ谷藤太郎でした。梅ケ谷は明治11年越中富山の生まれで、巡業に来た力士にその怪童ぶりを見込まれ、12歳で雷部屋へ入門。師匠である初代梅ケ谷の養子となり英才教育を受けます。コーチ役となった幕内力士の鬼ケ谷からマンツーマンの指導を受け、幕下の頃には将来を見据えて横綱土俵入りの稽古も行っていたそうです。期待に応えて18歳で新十両、19歳で新入幕、その場所で横綱小錦から金星を上げ順調に出世の階段を登っていきます。明治36年5月場所、東西の大関として全勝同士で常陸山と対戦。負けはしたものの、場所後に二人そろって横綱に昇進し、梅・常陸時代を築き上げ

第2章で考察した常陸山と共に、大相撲の一時代を築いた横綱・梅ケ谷。（写真提供／市毛弘子）。

ました。24歳6か月での横綱昇進は、当時の最年少記録でした。

168cm、158kgと短軀肥満ながら、腰の重さと相撲の巧さを兼ね備えた堅実細心な取り口で、横綱在位は12年間にも及びました。性格的には、物静かで酒も飲まず時間があれば小説を読むのが趣味という、豪放磊落な常陸山とは対照的な横綱でした。

## 2　豪壮な常陸山と細心な梅ケ谷

常陸山とくれば梅ケ谷、二人は一時代を築いた両雄でしたが、相撲っぷりも性格も対照的でした。常陸山という存在があまりにも偉大でしたから、少し陰に隠れた印象がありますが、常陸山のような圧倒的な強さを見せつけるというよりは、負けない相撲を取ったようです。

いわゆるアンコ型の体型でしたから、力はさほど強くはなかったのでしょうが、その分、立ち合いの間の取り方や前捌きの巧さは、常陸山を上回る技量を備えていました。

相撲の立合いほど、難しいものはありません。お互い阿吽の呼吸で合わせながら自分有利の体勢に持ち込まなければならないのですから。

常陸山は自信家でしたから立合いも相手の声で立ち、常に受ける立合いでしたが、梅ケ谷は、細心の注意を払った、いわば立合いに全精力をかけていたようです。その細心さが梅ケ谷の一番の特徴であり、最大の武器であったのでしょう。

## 3　立合いは両力士の合意に任される

梅ケ谷の立合いは、相手に合わせているようでいて、実は微かにずらしている、いわば相手の虚を突くような巧みな立ち合いでした。

常陸山（左）対梅ケ谷の仕切り。互いの呼吸が合った瞬間を捉え、力士たち自身が立ち合いを開始する相撲独自の方式は、世界の格闘技を見回してみても非常に珍しい。

昔の文献を調べてみると、江戸時代には行司の軍配によって立つこともあったようですが、どちらかが不利になる場合もあるので、いつの頃からか互いの合意によって立ち合うことになったようです。戦う者同士の合意に任されるというのは、他に類を見ない開始方法です。

寛政3年の11代将軍家斉の上覧相撲結びの一番では、相撲の家元である行司の吉田追風が、小野川が待ったをした瞬間、勝負あったと谷風に軍配を上げ、〝気負け〟という裁きをして話題となったようですが、その裁きへの将軍からのお尋ねに対し、次のような書付が残っています。

覚

谷風小野川勝負之儀、最初取組候得共、行司合声無之内之事故《これなきのうちのことゆえ》、引分ケ、取組せ直シ候節、行司合

声を懸候処、小野川油断ニ而取組不申《もうさず》候、右油断之過を以、任古例《これいにまかせ》小野川負ケニ取計《とりはからい》申候、以上

六月十一日

吉田善左衛門

「最初は行司が声をかけていないのに小野川が突っかけたので待ったをかけた。そして再度の取組の時、行司が声をかけたにもかかわらず、小野川に油断があって取り組まなかった。この小野川の油断のゆえ、古例に任せて小野川の負けとした」とありますから、寛政の頃は行司の声で取り組んでいたようです。

歌麿や北斎らの浮世絵や七代目團十郎の歌舞伎等、江戸の町人文化が大きく花開いた寛政から文化・文政の頃に、相撲の立合いが力士主体に移っていったと考えると、とても興味の深い一致です。

戦う者同士が、お互いの合意で立ち合うという、稀有な始まり方は、鎌倉武士の潔さを彷彿させ、まさに文化の極致といえるのではないでしょうか。

## 4 間とは？拍子とは？

そう考えていくと、お互い呼吸を合わせながら自分の間合いに持ち込む梅ケ谷の立合いには、

卓越した技法があったのかもしれません。

武蔵が五輪書で語っているのも、多くは間や拍子についてです。確かに立合いに限らず取組中は間や拍子の取り方によって状況が常に変わっていきます。間とか拍子とは、一体何によるのでしょうか。

頭で考えていたのでは、それこそ間に合いません。氣の感応とか無意識の世界にまで掘り下げていかなければならないでしょう。

氣の感応とか意識・無意識の世界等は、現在の物理学では、まだまだ手に負えないようですが、相対性理論や量子論では、少し関係のある話が出てきます。

## 5 時間は相対的なもの

前にも少し紹介しましたアインシュタインの相対性理論は、大雑把に言うと、「時間や空間は相対的なもの」という理論で、時間が遅れたり空間が縮んだりするという驚くべき理論です。

ただしその違いがわかるのは、光の速度に近い速さで動いたり、とてつもなく大きな重力の近くにいる場合のことなのですが、話を極端に広げますと、2階建の家で、1階にいる人間と2階にいる人間とでは、時間の進む速さが違ってきて、現在の測定装置では、その違いが測定できるようになっています。

重力は、地球と我々との間の万有引力ですから、地球の中心との距離が離れれば離れるほど小さくなり、重力の違いによって、地上と山の上とで時間の進み方が変わります。実際、２０２０年に東大の研究チームがスカイツリーの展望台（４５０ｍ）では地上より1日に10億分の4秒時間が速く進むことを光格子時計で計測しました。時間も空間と同じように広がりを持っていて、その場その場で固有の時間があることが証明されたわけです。

相撲に話を戻しますと、立ち合う両力士の間にも時間の進み方の違いがあるのかも知れません。

## 6 意識が時間の進み方を変える

アンコ型の梅ケ谷には確かに大きな重力が働いていますから、ソップ型（細身）の力士とは違いがあるのでしょうが、その差は極々僅かなものでしかありません。それよりも、意識の違いが時間の進み方に影響するのではないかと思われます。

事故に遭った場合などには、危険を悟ってからぶつかるまでの時間がゆっくり流れるという話

があります が、意識が極限まで深まれば、つまり「無意識に体を動かす」などという場合の「意識」よりもっと奥深い深層に至れば、時間の進み方は人それぞれ違ってくるのではないでしょうか。

意識が極まる所までいくから極意なのです。

梅ケ谷は、立合いのときに相手力士とは違う時間を操っていて、集中した一番には時間の進み方を遅らせ、相手の虚に入ることがあったのではないでしょうか。もちろんそれは、梅ケ谷本人にとっても無意識のもっと奥の方の出来事ですから、相手との拍子をずらし、自分の間合いに持ち込めたと感ぜられるのは後になってからのことに相違ありませんが。

## 7 そもそも時間とは？

そもそも時間とは不思議なものです。過去から未来へと一方向へ流れるだけで、この地球上では、あらゆるものに平等に時間が流れていると思われていましたが、生物学の世界でも動物によって時間が違うという説があります。

本川達夫『ゾウの時間・ネズミの時間』（中公新書）によりますと、心臓が脈打つ時間は、ネズミ0.2秒、ネコ0.3秒、ヒト1秒、ウマ2秒、ゾウ3秒と動物によって異なり、呼吸するのにかかる時間、食べてから排泄される時間、寿命等も同様で、体重が重くなるにつれ、だいたい4分の1乗に比例して時間が長くなるといいます。

それゆえ、30gのハツカネズミと3tのゾウでは体重が10万倍違い、10万の（4分の1乗）は約18になりますから時間が18倍違ってくることになり、ゾウの時間はネズミに比べて18倍ゆっくりと流れているのです。

時間は、同じように流れているのではなく、それぞれに固有の時間があり相対的であることが生物学的にも唱えられています。意識についても時間についても、まだまだわからないことだらけですから、意識が極まることによって時間の進み方が変わってくるということもあり得ない話ではないはずです。

## 8 〝場〟をつくる

梅ケ谷の特徴として前捌きの巧さも格別のように思われます。根は左四つのようですが、双差しになるのもうまく、肩や腕、腰など、どこにも力みのない柔らかな身体の使い方がそれを可能にしていたのでしょう。もう一つ、物理学的に思い浮かぶのは〝場〟をつくっていたのではない

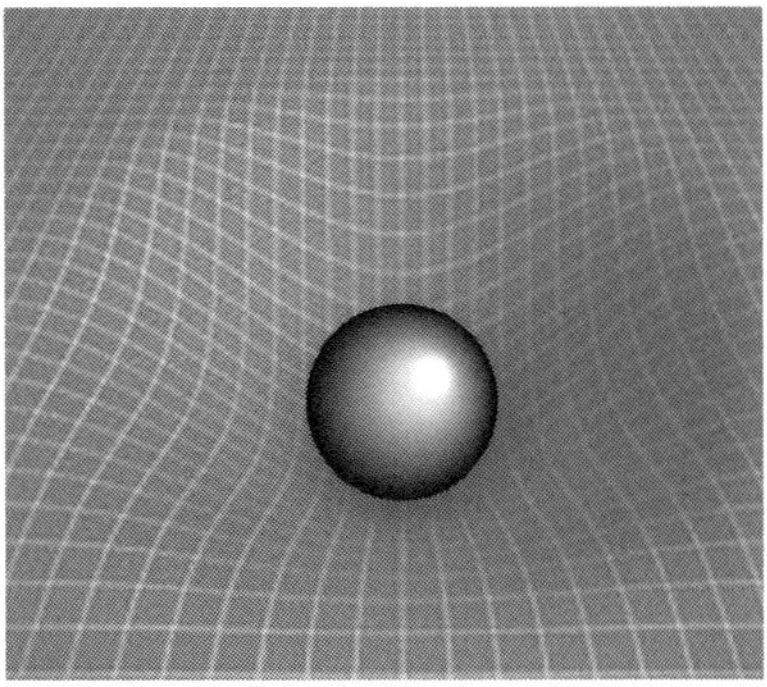

非常に重い物質は周囲の空間を捻じ曲げ、時間の進み具合すらも変えてしまう。これは〝意識〟によっても起こりうるのではないだろうか。

かということです。

磁石は、古代ギリシャの時代から知られていたようですが、離れているのに力が及ぶ不思議なものと考えられていました。また電気も古代ギリシャのタレスという学者が、琥珀を布でこすると糸くずのような軽いものを引き付けることを発見（静電気）しましたが、磁石や電気がものを引き付ける力は全く別のものと考えられてきました。それを19世紀になってファラデーやマクスウエルが、相互に影響し合って生まれる力だとして電磁気力という概念を生み出し、それぞれの力が及ぶ空間を電場や磁場と呼んだのです。

アインシュタインは、重力についても重力場という説を展開しています。〝場〟とは、力を及ぼす空間ですから、梅ケ谷の絶妙な立合いの瞬間には、〝梅ケ谷場〟とでもいうべき時空間ができていたのではないでしょうか。一般的には、〝氣場〟というのでしょうが。

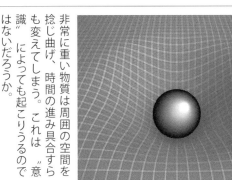

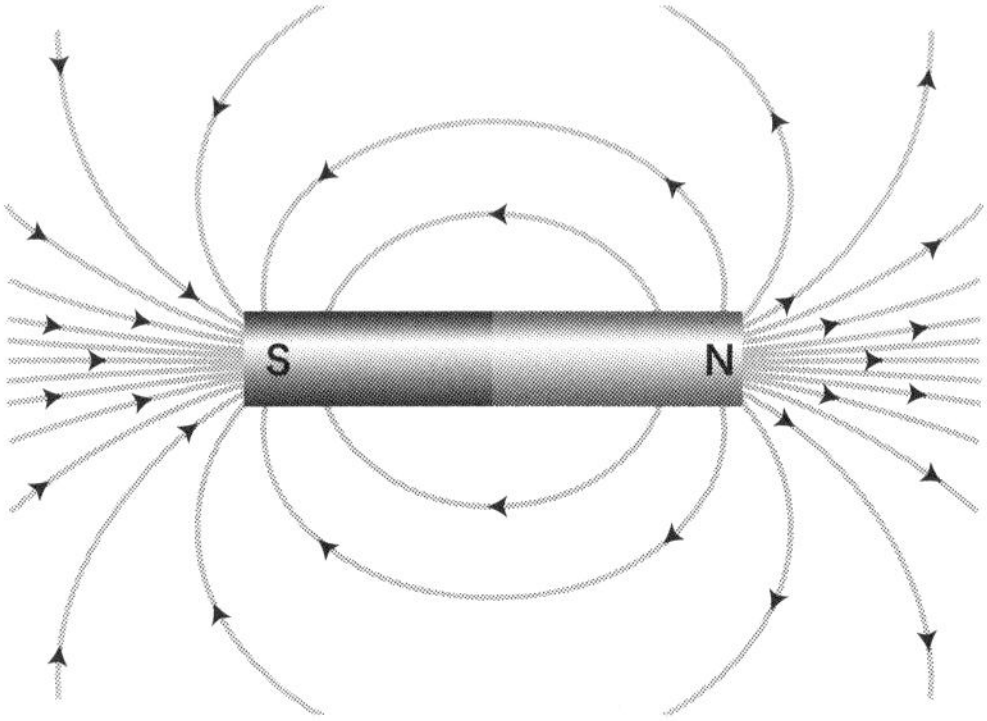


磁力や電気がものを引き付ける力、その〝見えない力〟が及ぶ範囲を「場」と表現する。

確かに、相手は吸い込まれるように梅ケ谷の双差しを許してしまうことが多々あります。蛇に睨まれた蛙の体《てい》で、不思議なことに間合いや拍子が合ってしまっている場合が多くなります。

## 9 仕切りで無我無心の境地に至る

意識の世界も、無意識のそのまた奥の深層まで入り込んでいくと、人間同士のみならず、動物や樹木、大地、太陽や月などともつながりが出来てくるもののような気がします。神社に足を踏み入れると、清々しく浄められる感覚が生まれるのと同じことでしょう。いい氣場があるところに、神社が建てられたはずです。

仕切っている間に、どんどん氣合を入れて氣場を深めていくのでしょう。それをできる力士が即ち、いい立合いを出来る力士です。相撲を見慣れない人には、仕切りを繰り返すのが退屈

常陸山対梅ヶ谷の一番（写真提供／市毛弘子）。梅ヶ谷が立ち会う時、その場には「梅ヶ谷場」とでも呼ぶべき時空間が発生しているのではないだろうか。達人の武芸者に対した時など、まるで吸い込まれるように技へ掛かってしまう現象には、こうした「氣場」が生じているのかもしれない。

に見えますが、仕切りにこそ相撲の醍醐味があるのです。

お互いの合意なだけに、仕切りや立合いには、その力士の相撲に対する姿勢や取り組み方が表れてくるものです。

太刀山も、ときに待ったと見せかけて立ち上がる、いわゆる〝ペテン立ち〟をすることがあったようで、あれだけの大力士なだけに残念なことです。

相撲は勝ち負けを競い合う競技ですから致し方ないことなのでしょうが、そればかりに囚われてしまうと面白みが半減してしまいます。

現役の力士達には、お互い合意の元に始めるという極めて稀で、偉大な無我無心という禅の境地にも通ずる〝立合い〟をもっと大事にしてもらいたいものです。

# 第5章　玉椿の技の力学

## 1　常陸山を苦しめた関脇玉椿憲太郎

梅ケ谷と常陸山が一時代を築いた明治末から大正にかけて、玉椿という力士が関脇を張っていました。横綱梅ケ谷と同じ越中富山の生まれで、159cm（実際には155cmという説も）、90kgという現在では新弟子検査にすら合格できないほどの体格でありながら、横綱常陸山と度々引き分け、その横綱をして「一番強かった相手」と言わしめた力士です。

大相撲300年の歴史の中でも小兵で名人と呼ばれた力士は、両国、逆鉾、大の里、幡瀬川など数多いますが、彼らが前捌きの巧さや相手の力を利用した技や動きで相手を翻弄する「手取り」といわれたのに対し、ひとり玉椿だけが左差し右前褌で頭をつけて相撲を取る真向勝負の四つ相撲に徹した点で、異彩を放っていました。潜り込んで食いついたら離れないしぶとさが持ち味で、あまりのしつこさに対戦相手からは、〝ダニ〟というあだ名までつけられたそうです。

玉椿は、当時圧倒的な強さを誇り、角聖とまで尊称された横綱常陸山と3度にわたり引き分けています。その取り口は、這いつくばるような低い構えの仕切りから相手の懐に飛び込み、左差し右前褌で食い下がる形を十八番《おはこ》とし、怪力で巨漢の常陸山と四つに組み合って互角に渡り合いました。常陸山戦こそ攻め込むことはできなかったものの、他の大関や三役陣との対戦では、食い下がった形から攻め込み、下手投げや三所攻め、頭捻《ずぶね》り等の技を見事に決めています。

玉椿が、大きな相手に真っ向から勝負を挑み一歩も引けを取らなかった秘密はどこにあったのでしょう。強靭な足腰や大型力士に負けない膂力があったのは間違いのないところですが、それだけでは説明できない不思議な力がはたらいていたように思われます。

今でこそ頭をつけて相撲を取るのは当たり前になっていますが、江戸から明治そして昭和初期頃までは〝向うづけ〟といって、変則的な取り口として扱われていました。その背景には、〝腰で相撲を取る〟という大前提があったため腰が引けてしまう姿勢を良しとしなかったことがあるのではないかと私は推察しています。

# 2 「力のつり合い」と「作用反作用」

関脇玉椿は、小さな体で大剛常陸山と組み合って一歩も引けを取りませんでした。そもそも、力を出し合っている者同士が動かないとは、どういう状態なのでしょうか。常陸山と玉椿、二人の押し合う力が同じだから動かない、つまり力がつり合っていることなのでしょうか。

物理学でいう「力のつり合い」は、「作用反作用」と混同されやすい概念です。一つの物体に対して左右もしくは上下から同じ大きさの力が加えられ、それらを合わせた力（合力）が「0」のとき「力がつり合っている」といい、その物体は動かなくなります。ただし、力を合成できるのは、一つの物体にはたらいている力のみです。

一方、二つの物体がぶつかったり押し合ったりする場合は、「作用反作用の法則」がはたらきます。作用と反作用は別々の物体にはたらく力で、合成できませんから、力のつり合いとは別の話になります。二人で押し合う場合は「力のつり合い」ではなく「作用反作用の法則」を考えなければなりません。

全力で若い力士へぶつかっていく子どもたち。このとき両者にはたらく「力」は「作用反作用の法則」により、同じ大きさの力が反対方向に生じている。

## 3 力は必ず対になって生ずる

相手を押すと、相手からも同じ大きさで反対向きの力を受けるというのが「作用反作用の法則」です。常陸山が10の力で玉椿を押したら、玉椿からも同じ10の力で押し返されます。というよりむしろ、対になって同時に反対方向に同じ大きさで生ずるのが、そもそも「力」というものなのです。

極端にいえば、力士と子どもがぶつかり合ったら力士はびくともしませんが、子どもは吹っ飛んでしまいます。その場合でも力士と子どもとの間にはたらく力は同じです。はたらく力は同じでも体重が違いますから、動かされ方が違ってきます。即ち力士は動かず子どもだけが吹っ飛ぶのです。これを表すのが有名な運台車の重さや速さが違っても、「作用反作用の法則」によって台車に取り付けたバネばかりのメモリは同じ数値を示す。すなわち、台車が受ける衝撃力は両者ともに変わらない、という結果となる。

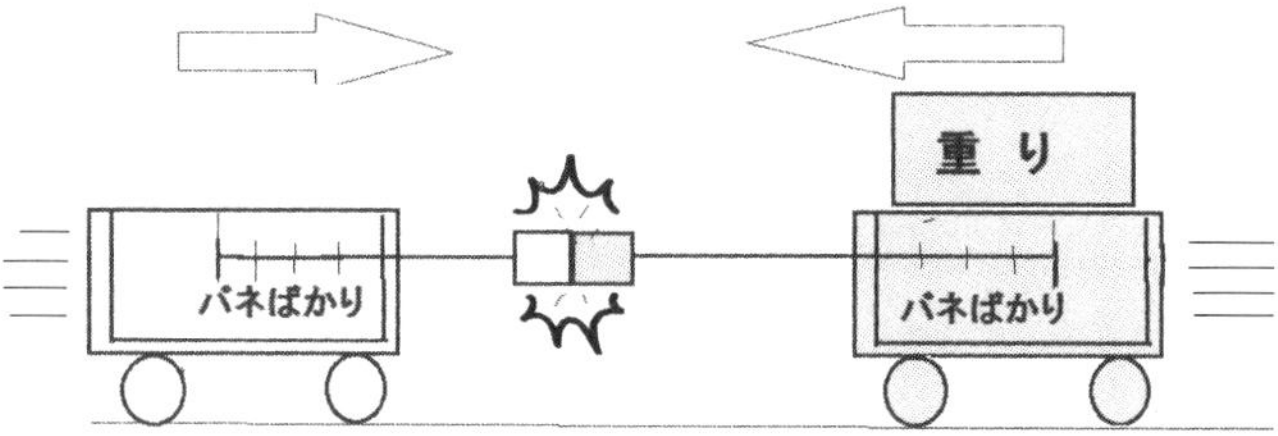


動の第2法則「F=ma」です。同じ力（F）がはたらいても体重（m）が大きいと動き＝加速度（a）は小さくなり、体重が小さい（軽い）と大きく動かされることになります。力とは当たり前のようでいて、実に不思議なものなのです。

## 4 押したらまったく同じ力で押し返される「作用反作用の法則」

作用反作用の法則を目に見える形で示す次のような実験があります。前にバネばかりをつけた同じ大きさの台車を2台用意し、片方には重りを載せて衝突させます。2台の台車はどうなるでしょうか。

載せる重りの重さにもよりますが、重りを載せた方はほとんど動かず軽い方の台車は飛ばされてしまいます。ところが、衝撃力を示すバネばかりの目盛りを比べるとまったく同じ値を示します。重りを載せた台車を止めておいて、軽い方を勢いよくぶつけても両方のバネばかりの値は同じです。要するに当たりが強かろうが弱かろうが、両者が受ける力は同じということです。

物体に加速度を与えるものを「力」とニュートンは定義しましたが、分子や原子などのミクロの世界では「相互作用」という言い方をします。押したらまったく同じ力で押し返されるという作用反作用の法則は、地球上だけでなく宇宙でも原子の世界でも例外なく成り立ちますが、なぜそうなるのかと問われても誰も説明できません。ただ「宇宙はそうなっている」としか答えようがないのです。

作用反作用によって二人の間にはたらく力は同じですが、個々の力士に注目すると違いがあらわれてきます。先の台車で、軽い方に滑り止めをつけたらどうなるでしょうか。今度は重い方の台車が後退します。相撲でいうと足の力です。足の踏ん張る力が大きいと体重が軽くても押し負けないのです。

## 5 土俵との摩擦力を高める玉椿の向うづけ

「足の踏ん張る力」を物理学的にいうと、「足と土俵との摩擦力」になります。二人に同じ力が

常陸山（右）と玉椿の対戦写真（写真提供／市毛弘子）。常陸山の胸へ頭をつけた玉椿の体が、文字どおり、常陸山を下から支えるつっかえ棒のように、土俵から一直線となっているのが分かる。特に、相手へ自らの体重を浴びせるスタイルの常陸山にとっては、押せば押すほど、相手の「滑り止め」を強化する結果となる。

はたらいていても、摩擦力の違いによって、前に出られるか、後ろに下がるかが決し、摩擦力は重さに比例します。この場合、止まっているものが動き出す最大静止摩擦力（F）になりますが、摩擦係数（$\mu$）×垂直抗力（N）で表され、平面である土俵での垂直抗力（N）は質量に比例しますから、重さに比例するといって差し支えないでしょう。つまり体重が重い力士の方が有利ということになりますが、小さな玉椿が大きな常陸山の出足を止められたのはなぜなのでしょう。

それを可能にしているのが、玉椿の体の使い方です。まず注目すべきは、写真のように向こうづけの体勢の玉椿の体が一本の棒杭のように一直線になっていることです。

向こうづけの体勢で頭を相手の胸につけると、

普通は体が腰の所でくの字に折れ曲がり、相撲に大事な〝腰〟が使えなくなってしまいます。それで明治の頃の力士は向こうづけの体勢を滅多に取らなかったのです。しかし玉椿の向こうづけの体勢は、体が一直線になり、腰は体軸上にきれいに乗っています。身長が低いが故に可能な、玉椿にしかできない体勢といえます。小さいからこそ工夫に工夫を重ねて案出した、這いつくばるような低い構えの仕切りから相手の懐に素早く飛び込み、全身を一本の棒杭のようにつなげ相手に対しているのです。

この体勢になられると、天下の常陸山もすっかり攻め手がなかったようですが、このとき体重の軽い玉椿の足裏の摩擦力は常陸山に負けないくらい大きくなっていたのでしょうか。

## 6　相手に土俵を押させる

常陸山に十八番《おはこ》の撓め出しを極められると、他の力士なら体が半分浮き上がり、それだけで足裏にかかる重さが減るために摩擦力も減り、常陸山は簡単に前に出ることができます。ところが玉椿は、写真の通り十分に腰を入れて向こうづけの体勢になっていますから、かえって常陸山の方が苦しそうです。常陸山が得意とする、相手に体重をかけて取る相撲を逆手にとって常陸山の重さを全身で杭棒のように受けているのです。

常陸山が体重を利用して前に出る力は、玉椿の体を伝わって土俵を押すことになります。さすがの常陸山も土俵相手に相撲を取ったのでは、分が悪いに決まっています。常陸山の前に出る力が玉椿の足裏にかかり、玉椿の摩擦力を増やすことになりますから、常陸山は出るに出られない状態に陥ってしまっているのです。まさに名人技といえましょう。まったく動かない状況でも水面下、否土俵下では複雑な攻防が行われていたのです。

常陸山相手に互角に攻防を繰り広げられたのは、玉椿に全身を一本の棒杭のようにつなげる力があったからです。それは、単なる筋力や膂力ではなく、深層の筋肉と奥深くの意識でつくられる軸や丹田の強さによる力であり、小さな体を補うために四股やテッポウに人一倍真摯に取り組み、相撲を取る上で一番大切な腰を徹底的に鍛え上げたからこそ得られたのでしょう。

## 7 同時に三か所を攻める三所攻め

玉椿といえば、鮮やかな三所攻めや頭捻《ずぶね》りを得意技としていました。これらも他の力士には滅多に見られない、小兵であることを逆手にとった玉椿ならではの名人技といえます。なぜなら三

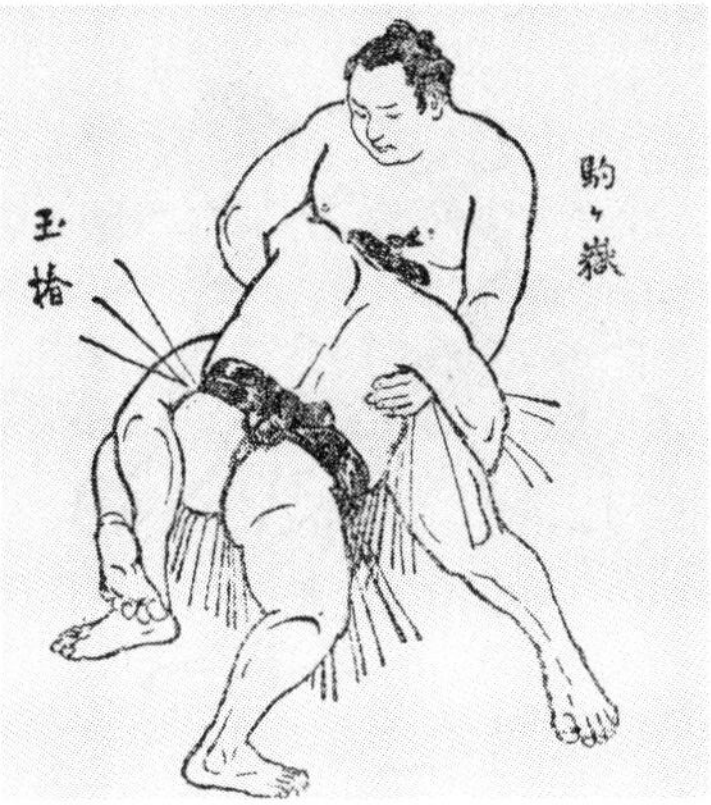


玉椿と駒ヶ嶽の立ち合いを描いた『角觝書談』（栗島狭衣・鰭崎英朋著　昭和5年1月発行　教學院書房刊）の図。左の内掛けと右手による足の渡し込み、さらに左差し手と頭による押し込みによる「三所攻め」で勝負に出た玉椿に攻め込まれる駒ヶ嶽。

所攻めも頭捻りも相手の胸に頭をつけた向こうづけの体勢にならないと繰り出せない技だからです。

明治40年1月場所、新大関駒ヶ嶽を相手に実に見事な技の冴えが見られた一番を紹介しましょう。臆することなく得意の左差し右前褌で食い下がる玉椿に対して、新大関として進境著しい駒ヶ嶽は長身を利して構わず右上手を引き左を差し込んで吊り上げようと試みます。そこをすかさず玉椿の左足が内掛けに入り、右手は相手の左脚を渡し込み、左の差し手と頭でグイと相手を押し込む三所攻めで攻め立てます。

内掛けだけでも防ぐのが大変なのに、同時に脚を持たれ、頭で押し込められたのではたまりませんが、駒ケ嶽も元気旺盛な新大関ですから、反り返って倒れそうになりながらも渾身の力を振り絞って右から強引な小手投げを打ちました。そこは百戦錬磨の玉椿、体勢を大きく崩しながらも、内掛けに入った左足を大きく跳ね上げてケンケンしながら掛け投げを打ち返したものですから、さすがの駒ケ嶽ももんどりうって土俵に横転してしまいました。

三所攻めで大事なことは同時性です。内掛け、足への渡し込み、頭で押すという三つの動作をまったく同時に行うことで相手が対応できなくなるのです。熟練した力士の四股やテッポウは、全身が淀みなく流れるように見えますが、全身を同時に使うということを身体に沁み込ませるためには、何百回も何千回も同じ動作を繰り返す必要があります。

## 8 全身の軸で相手を転がす頭捻《ずぶね》り

頭捻りもまた、頭で押し込んで相手がこらえて出てくるところを、頭を軸に捻り倒す、全身を同時に使わなければ決まらない技です。

大正4年1月場所の綾川との対戦で見せた玉椿の頭捻りが記録に残っています。当時新進気鋭の、まさに上り調子だった綾川に対する玉椿は、三役から落ちて引退間際（翌5年1月場所で引退）でしたから、前評判は圧倒的に綾川有利でしたが、立ち上がるや否や綾川の懐に入り、得意の左差し右前褌の体勢となりました。全盛期に比べれば力が衰えたとはいえ、得意の体勢に入った玉椿は力強くグイグイと押して誘いをかけると、綾川もわかっていながらグイと押し返します。

同じく『角觝書談』より、綾川の懐に入った玉椿が相手の押し出しに合わせて頭捻りに投げんとする瞬間を描いた図。これも玉椿の一直線に相手を支えた体勢が見事に描かれている。

そこを「待ってました」とばかりにタイミングを合わせ、少し体を引きながら左下手と右前褌とで、相手の胸にあてがった頭を中心に円を描くように捻ると、綾川の体は見事に転がり落ちました。

頭捻りもやはり体の軸が肝心の技で、頭で押し込んで相手がたまらず出てくるところに両腕で回転を与えて捻り倒しますから、全身を棒状にし回転の軸となる頭とつながっていないと威力は発揮されません。また全身がつながらず、首や背中、腰等で折れ曲がっていても、回転の威力は減り頭捻りは決まらないでしょう。

玉椿が小さな体で大きな常陸山と互角に渡り合えたのは、全身を棒杭のように一本につなげ、その一本の軸を中心にして相手の力を受けたり、押し込んだり、回転させたりすることを自分にしかできない技として生み出し、それを強みとしたからです。まさに稀有の力士といえるでしょう。

# 第6章 〝化ける〟とは何か？

## 1 双葉山の〝化ける〟可能性を見抜いた玉錦

昭和2年、15歳で立浪部屋に入門した双葉山は、当初は特別目立った存在ではありませんでした。負け越しなしで6年5月場所に新十両に昇進しますが、細身で足腰のいい若手力士というだけで、将来の横綱大関と期待する目は一切ありませんでした。実際、新十両の場所は3勝8敗と負け越し、ギリギリ幕下陥落を免れるという状況でした。

そこへ起こったのが前述の春秋園事件（待遇改善を訴える力士らによるストライキ）です。幕内力士の大半が脱退して番付から消えたため、双葉山は十両5枚目から前頭4枚目に繰り上げられて新入幕を果たします。7年1月場所のことでした。この場所こそ5勝3敗と勝ち越しますが、

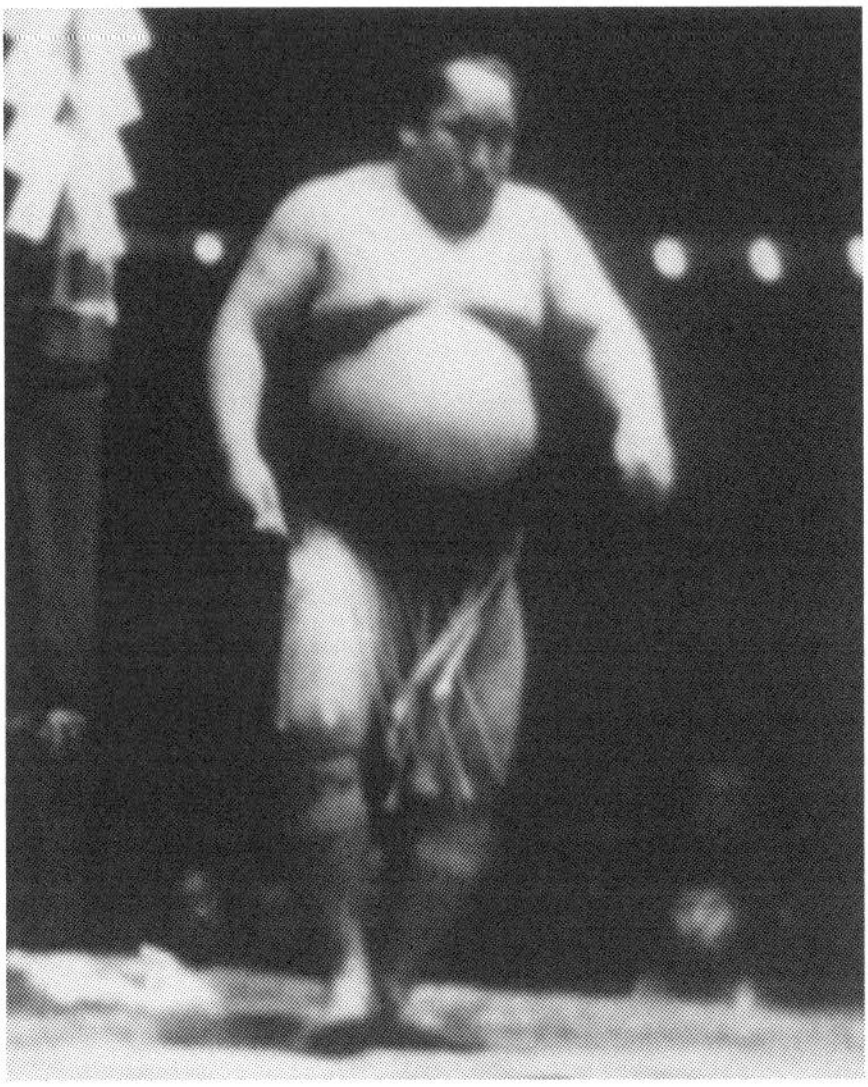

早くから双葉山の大器を見抜いていた横綱玉錦（日本相撲協会資料映像より）。

番付がさらに上がり横綱大関と対戦するようになった翌場所からは一進一退の土俵が続きました。同格の力士には勝てるのですが、横綱大関陣にはまったく歯が立ちません。他の繰り上げ力士が、横綱大関を破る波乱を起こす中、双葉山のみは4年間負け続けました。当時の評論家たちはそんな双葉山について次のように論評しています。

「取り口があまり正直で正攻法であるために、大物に対してはもう少し考慮すべきである」「あまりに正々堂々、大敵にはまず勝てない力士であるのが遺憾だが、まだ年は若い、さらに努力すれば立派な三役力士になるであろう」

一方、当時の第一人者で双葉山によく稽古をつけていた玉錦は、「双葉山の相撲はまともに

若き頃の双葉山（写真提供／穐吉家）。いつ頃撮られた写真なのかハッキリしないが、体型や顔つきから見ると、十両の頃か、入幕直後かと思われる。近年の朝青龍や白鵬なども若き日は細身だったが、33頁掲載の横綱時の写真と比べると、まさに〝化けた〟というにふさわしい変化だろう。

出るので損だという人もあるが、まだ前途洋々たる青年力士だから、自分はこれがかえって彼の将来を大きくするゆえんだと思っている。（中略）どこまでも正攻法によって、堂々と戦ういまの取り口を称賛すると同時に慫慂《しょうよう》したい」という言葉を残しています。玉錦は、双葉山の化ける可能性を肌で感じていたのでしょう。

## 2 新十両で負け越した双葉山が春秋園事件で入幕

双葉山が十両に上がったのは昭和6年5月場所です。その頃は、日本全体が大不況の上に、一人いた横綱が引退したこともあって、相撲人気はガタ落ちの状況でした。体重は90

昭和7年（1932）1月6日に発生した、一部の力士たちが待遇改善を訴えた春秋園事件。件の春秋園にて檄文を背にした、首謀者の一人である天竜。

kgに満たず、肩幅はあったものの全体的に細く、お腹がペッチャンコで、見るからに力も弱そうだった双葉山は、新十両場所で、入門以来初めての負け越しを味わいました。

このころの双葉山は、あくまでも正攻法に徹し、突っ張って前に出ようとするのですが、組み止められて寄り切られることが多く、土俵際の逆転のうっちゃりや投げの打ち合いで何とか勝ちを拾っていました。

その後は少し肉がつき、春秋園事件によりいきなり新入幕を果たした7年1月場所は初日から3連勝して好調でしたが、幕下から繰り上がった力士など相手に恵まれていたのも事実です。

対戦相手が元々の幕内力士だった四日目は、

真の力が試される一番となりました。さほど大きくはないものの筋肉質で、いかにも力が強そうな相手に対して激しく突っ張り、双葉山は得意の右四つになりますが、やはり相手の方が力は上と見えて余裕があります。しっかり引き付けて出られると、後がない双葉山は、万事休すかと思われましたが、しぶとく残し、相手をうまく腰に乗せてうっちゃり、4連勝とします。

続く5日目の相手は、184cm、116kgと大きな力士でしたが、この一番でもすぐに右四つになりました。がっぷり四つに組むと体力の違いは如何ともし難く、やはり体力負けして寄られます。土俵際しぶとく粘りますが、重ね餅に寄り倒されました。

真っ向勝負では体力差がものを言い、体力負けする相撲が目立ちましたが、それでもこの場所は大いに奮闘し、5勝3敗と勝ち越しました。

## 3 横綱大関陣に負け続ける

8年になると脱退した力士が何人か復帰し、さらに、長らく空位だった横綱に玉錦が昇進したため、館内にはずいぶん活気が戻ってきました。復帰組の力士たちはちょん髷を落としザンギリ頭でした。双葉山にとっては、いよいよ横綱大関との対戦が始まります。

5月場所の2日目は、初めての横綱戦、しかも相手は稽古をつけてもらった玉錦戦となりました。王者に挑む若武者という風貌の双葉山は、果敢に突っ張りを見せますが、横綱は余裕の表情で受け、逆に突き返します。横綱の突きは一発一発が重く、双葉山は懸命に回り込もうとするも突き出されてしまいました。前頭2枚目だったこの場所は結局、横綱大関の他、関脇や小結の三役陣にも負け、4勝7敗の成績に終わります。

10年に入ると、ようやく100kgを超え、小結に昇進、腰周り、腹周りも見違えるほど大きくなりました。そこで迎えた1月場所の4日目には、これまで3連敗していた大関武蔵山との対戦が組まれました。上背があり筋肉質で、顔も彫りが深く、西洋の俳優か拳闘の選手のようだといわれた武蔵山は、この頃の一番の人気力士で、次の横綱に最も近いと目されていました。

4度目の対戦は、すぐに右四つに組み合いました。互いに攻め合いますが、二人とも足腰がよく簡単に勝負は決まらず、手に汗握る熱戦となり、水が入ります。再開後は再びがっぷり右四つになり互いに寄り合い、投げを打ち合い攻防を繰り返し、再び水入りとなりました。今度は2番後取り直しとなって、お客さんも大喜びです。取り直しの一番も、がっぷり右四つでお互い動けなくなると、ついに行司が止めに入り、引分に終わりました。

この場所は9日目に大関清水川を破り、大関戦の初勝利を手にしました。また千秋楽には、惜

伸び盛りの頃の双葉山と名勝負を繰り広げた、のちに横綱となる武蔵山（右。日本相撲協会資料映像より）。

しくも土俵際での小手投げに敗れはしたものの、大関に上がった男女ノ川に一歩も引けを取らず、押し、寄り、投げと息もつかせぬ攻めを見せた大熱戦は、この場所一番の大相撲と讃えられました。

## 4 鉄の磁化と双葉山

新入幕からの双葉山の土俵を追いかけていくと、一年毎に体ができていき、一年毎に強くなっていくのがよくわかります。体も、腰周りと腹周りから大きくなっていき、丹田を中心として全方向に発散していったように見受けられます。特に何かが良くなったというよりも、体つき、相撲の取り口、腰の重さと強さなど、すべてが少しずつ良くなっています。太刀山や常陸山のように突出した体や力が備わっているのではないため、相手を圧倒するわけではありませんが、着実に強者に近づき、追い越そうとしていく過程が見て取れます。

太刀山は元々剛力だったにもかかわらず、下半身の硬さがあり脆さもありました。しかし水が氷になるように下半身の構造がしっかりしたことで、圧倒的な力が相手に直に伝わるようになり、化けました。これが16頁で水と氷を例に紹介した「相転移」です。

一方、非力な双葉山は構造の変化というよりむしろ、骨や筋肉、細胞に至るまですべての並びが揃うことによって相撲力が向上したように思います。これは、鉄が磁界によって磁石になる過程に近いのではないでしょうか。

磁石が木や紙は吸い付けないのに鉄を吸い付けるのは、考えてみると不思議なことです。磁石の力については長い間解明されていませんでしたが、エルステッドやアンペールによって電気と磁気の関係が明らかになり、電流が生じるとその周囲に磁場が生まれることが発見されました。原子核の周りを電子が回転することで電子流（電流）になるため磁気が生じ、原子の大きさのN極とS極が生まれるのです。

磁石にならない木や紙も、原子核の回りを電子が回転していますが、回転の方向がバラバラな

すべての原子は原子核の周りを電子が回っているので微弱な磁気を生じている。鉄などが磁力を生じるのは、磁場に入った時にその回転の向きが揃うことで磁石となってくっつく働きが生じることによる。

ので、全体としてはN極とS極が打ち消し合ってしまいます。向きが揃わないままなので磁石にならないという原理です。その点、鉄は磁場の中に入ると、電子の回転の向きが揃い磁石になりますから磁石とくっつくのです（上掲図）。

話を相撲に戻すと、立合いに変化したり、奇をてらったケレン相撲で勝ったりしても相撲力はつきませんし、またそういう相撲では、相撲力を構成する向きに方向が揃わないから磁石にはなれず、化けることもありません。

双葉山の場合、若い頃から正攻法

の相撲に徹したことによって、強くなる方向、即ち腕力のような単純な力ではなく、相撲力という目に見えない全体的な力を高める方向に心氣體が揃っていき、徐々に強さを増していったと考えられます。相撲力を高めるための向きに全身を揃えるよう、地道に、ただひたすら正攻法の相撲を4年も5年も繰り返した結果、相撲力を構成する何十、何百とある矢印が揃い、その一つひとつが大きさを増し、横綱大関にも通じるようになったのです。〝化ける〟のは、ある日突然起こるわけではありません。

## 5 正攻法の相撲により心氣體の向きが揃った結果〝化ける〟

この1年後の11年1月場所、双葉山は6日目に玉錦に敗れますが、翌7日目から69連勝が始まり、それまで勝てなかった玉錦や武蔵山、男女ノ川、清水川という横綱大関陣に以後二度と負けることがなくなりました。このことからも、双葉山が真の相撲力をつけていったことがうかがえます。

若い頃からいつも玉錦の胸を借りてきた双葉山は、この横綱の相撲に対する取り組み方を肌で感じていたはずです。また、当初双葉山の前に厚い壁として立ちはだかった玉錦の影響は計り知れません。強い磁場が鉄をいい磁石に仕上げるように、玉錦の胸を借りたことは、双葉山の心氣體の方向を揃えることに寄与したといえるでしょう。双葉山がまったく邪気のない赤ん坊か菩薩のように見えるのは、心身、そして細胞がきれいに揃い調っているからなのだろうと思います。

高名な書家の書は、墨の分子の並びがきれいに揃っていると聞いたことがあります。美しさと強さを産み出すには、並びを揃えることが不可欠のようです。

# 第7章 力の相撲と波の相撲

## 1 ひっそりと始まった69連勝

相撲界の金字塔としてそびえ立つ双葉山の69連勝は、昭和11年1月場所にひっそりと始まりました。前場所4勝7敗と負け越した双葉山は、前頭3枚目という番付で、その場所に臨みます。初日こそ新海に敗れたものの、2日目に新横綱武蔵山、3日目に大関清水川、5日目には大関男《み》女《な》ノ川を撃破し、続く6日目は横綱玉錦への6回目の挑戦となりました。横綱大関陣を次々と破り勢いに乗る双葉山が、王者玉錦にどう挑むか注目されましたが、立合い一瞬にして叩き込まれ、またしても玉錦の牙城は崩せませんでした。

翌7日目は、足腰がしぶとく曲者として知られる瓊《たま》ノ《の》浦《うら》（後の関脇両国）に下手《したて》やぐらで振らお互いに呼吸を合わせ、しっかり腰を割り、手をついて、氣力の充実を図る玉錦と双葉山の仕切り（日本相撲協会資料映像より）。

れ土俵際まで詰め寄られますが、うっちゃりで勝ちを拾います。その後も出羽湊《でわみなと》、綾昇《あやのぼり》、笠置山《かさぎやま》、駒ノ里を破り、この場所を9勝2敗で終えます。もちろんこの時点では、本人を含め日本国中の誰もが、69連勝という大記録の始まりを知る由もありませんでした。

前頭3枚目の双葉山は9勝2敗の好成績により、翌5月場所は小結を飛び越え、関脇に昇進します。1月の春場所から半年も経たないのに、体重が120kg近くにまで増え体はまた一回り大きくなったため、正攻法の攻めが通じるようになったこの場所は、相手が格下だったとはいえ初日から7連勝しました。8日目は同じ関脇でこれまた7戦全勝の鏡岩《かがみいわ》戦。絶好調同士の関脇対決は大相撲となりますが、猛然と寄り立てる鏡岩を土俵際きれいにうっちゃって全勝を守ります。

そして迎えた9日目は、同じく8連勝の横綱玉錦戦です。過去6回の対戦をすべて制している玉錦が圧倒的有利との評論家たちの予想に反して、双葉山は浴びせ倒して玉錦から初白星をもぎ取ります。その後も勢いに乗ったまま11戦全勝し、初優勝を飾りました。

ここで〝覇者交代の歴史的一番〟といわれるこの取組をじっくり分析し、双葉山の相撲の取り方と前に出る力について考えてみたいと思います。

## 2 〝覇者交代の大一番〟

昭和11年5月場所9日目、東から登場した横綱玉錦は、3場所連続で優勝しこの日まで27連勝中と脂が乗り切っていました。対する双葉山は、この場所が新関脇で、体もさらに一回り大きくなり急に強みを増していましたが、まだまだ玉錦の敵ではないというのが一般的な評価でした。

双葉山は玉錦に対して8年5月の横綱初挑戦の場所から6連敗していて、前場所（11年1月）も、今度こそはと期待されながら、敗退。同じように連敗していた他の横綱大関を全員破っているだけに、玉錦がまさしく最後の牙城でした。両者の仕切りは実に美しく、相手の呼吸をずらそうとか自分優位に先手をとろうとかいう邪念がありません。お互いの気合いを充実させる一念で仕切っているから、見ている方も引き込まれてしまいます。

立合い双葉山が激しく突っ張ると、玉錦も突き返し、激しい突っ張り合いになりました。突っ張り合いになると体力のある玉錦の方が分がよいため、玉錦はすかさず右を差しに行きますが、双葉山もすぐに上手を引いて腰を寄せたので、玉錦の右はかなり窮屈になりました。

何とか右を差込みたい双葉山と双差しを狙う玉錦が、激しく差し手争いを繰り広げた後、双葉山が差し勝って右四つがっぷりになったところ、玉錦が左を巻き替えにいきます。〝巻き替えに来たら出ろ〟という鉄則どおり、双葉山はそこをすかさず寄りたてました。

玉錦は腰が伸びてしまい、双葉山の首に手を回してうっちゃりにいこうとしますが、双葉山の腰が完全に玉錦の腹の下に入り、そのまま寄り倒されてしまいました。両者とも力の入ったいい相撲を取りましたが、巻替えが強引過ぎて墓穴を掘ったものの、玉錦の方が力はまだ上であるように見えた一番でした。

## 3 力で寄る相撲

実際、この場所後に行われた花相撲や大日本相撲選士権での二人の対戦は、33歳ながら充実していた玉錦がすべて勝利したことからも、双葉山はまだまだ発展途上で、本場所で玉錦から初白星を上げるもその力は本物ではなかったことがわかります。また、玉錦戦初勝利の一番の寄り方は力の限りという感じで、まだ波的な相撲には到達していません。しかし、この後の12年1月場所に、運命の女神が起こしたちょっとした悪戯が大記録をつくることになります。

この1月の春場所は、お互いに全勝で来ていながら、玉錦が6日目の勝ち相撲で左腕を痛め翌日から休場したため、二人の対戦は幻に終わったのです。前の場所に負けている玉錦は、双葉山との対戦に激しい闘志を燃やしていたに違いありません。さらに翌場所は怪我の影響による稽古不足と高熱のために一方的な相撲で敗れてしまいます。相撲は取ってみなければわかりませんから、何とも言えませんが、この頃の玉錦の力や気性を考えると、玉錦の怪我がなければ、69連勝はなかったかもしれません。

新大関として11戦全勝で優勝し27連勝としたこの場所は、寄り切りや寄り倒し、突き出し、上手投げという決まり手がほとんどで、それまで多かったうっちゃりは、8日目の鏡岩戦だけでした。このころから前に出て勝つ勝ち方が増えてきたのですが、何が変わったのでしょうか。体が一回り大きくなったのは間違いありませんが、それだけとは思われません。そもそも何の違いによって前に出られたり出られなかったりするのでしょう。

# 4 前に出る力とは

立合いは離れた状態から押し合いますから、腕で押す力が前に出る力のように思われがちですが、50kgの力で押すと50kgの力で押し返されます。これが〝作用反作用の法則〟です。押した力とまったく同じ力で押し返されるというのは考えてみると不思議なことです。同じ力が働くのに、片方は前に出て、片方は押されて下がるというのもますます不可解かもしれませんが、これが重い方が動きにくいというニュートンの法則で、「F=ma」という運動方程式で表されます。

双葉山は体重が増えた分、押されにくくなり前に出られるようになったということはあるでしょう。ただ、それだけでなくより複雑な要因が絡み合って、前に出る力、即ち「相撲力」が高まっていったのです。

「相撲力」とは掴みようのない、複雑で高度な力です。例えば宇宙空間で、大きな力士と小さな子どもが押し合ったら、もちろん子どもの方が大きく飛ばされますが、力士も反作用で後ろに下がります。この場合、体重（m）だけが動き方を決定します。

F=maですから、同じ力（F）がはたらいても動き方（a＝加速度）が変わってきますが、

宇宙空間で大人と子どもが押し合う場合、作用反作用の法則により同じF（力）がはたらき、子供はm（小）×a（大）、大人はm（大）×a（小）となるため、子供と共に大人も後方へ下がってしまう。

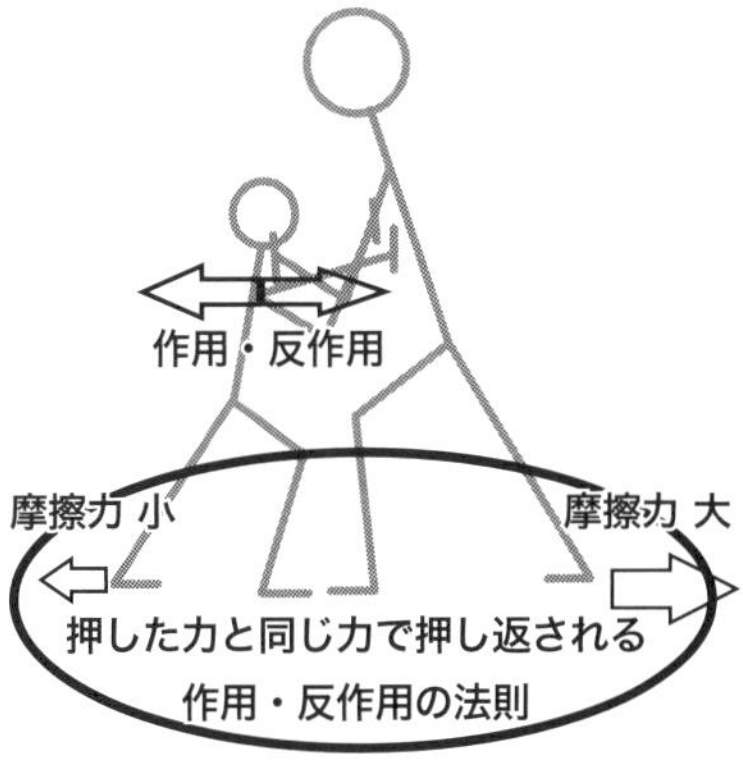


しかし、土俵の上では重力による摩擦力に差が生じるので、体重の軽い子供だけが土俵から吹っ飛ばされる結果となる。

土俵の上で同じことを行うとどうなるでしょうか。

土俵の上では、力士は少しも動かずに、子どもだけがふっ飛ばされてしまいます。土俵上には地球の重力がはたらいていますから、足の裏と土俵との間に摩擦力がはたらきます。摩擦力（F）は、μ（摩擦係数）×N（垂直抗力）で表されます。N（垂直抗力）とは、土俵を押す力の反作用ですから、大きさは重力すなわち体重と同じと見なせます。体重の重い力士は大きな摩擦力がはたらくために動かず、小さな子どもは吹っ飛ばされるのです。

しかし同じ体重の力士同士でも、そこには、複雑で高度な「相撲力」が関係してきますから、横綱と序ノ口とでは大人と子どものような差が生まれます。

前述のとおり、二本足で立つことはとても難しいことです。ブロンズ像や人間の背丈ほどある丸太棒が、ちょっと押しただけですぐに倒れてしまうことからわかるように、人間はその小さな足の裏で平衡を保つことのできる、稀有な存在なのです。

足の裏でつくる基底面から重心が外れれば、摩擦力ははたらかなくなりますから、重心を基底面から逃さないことは、相撲力を高めるための重要な要素の一つです。腰を割ることは、基底面を広げ重心を安定させることになりますから、相撲の基本なのです。

## 5 波の上で鍛えられた腰の力

小学生の頃から漁師だった父親を手伝って船に乗っていたことが「腰の力」を育ててくれたと本人も後に語っていますが、双葉山の腰の良さは、若い頃から定評があったようです。波の上で鍛えられた腰は柔らかで、そのため全身を偏りなく使えるようになったのでしょう。そして、波

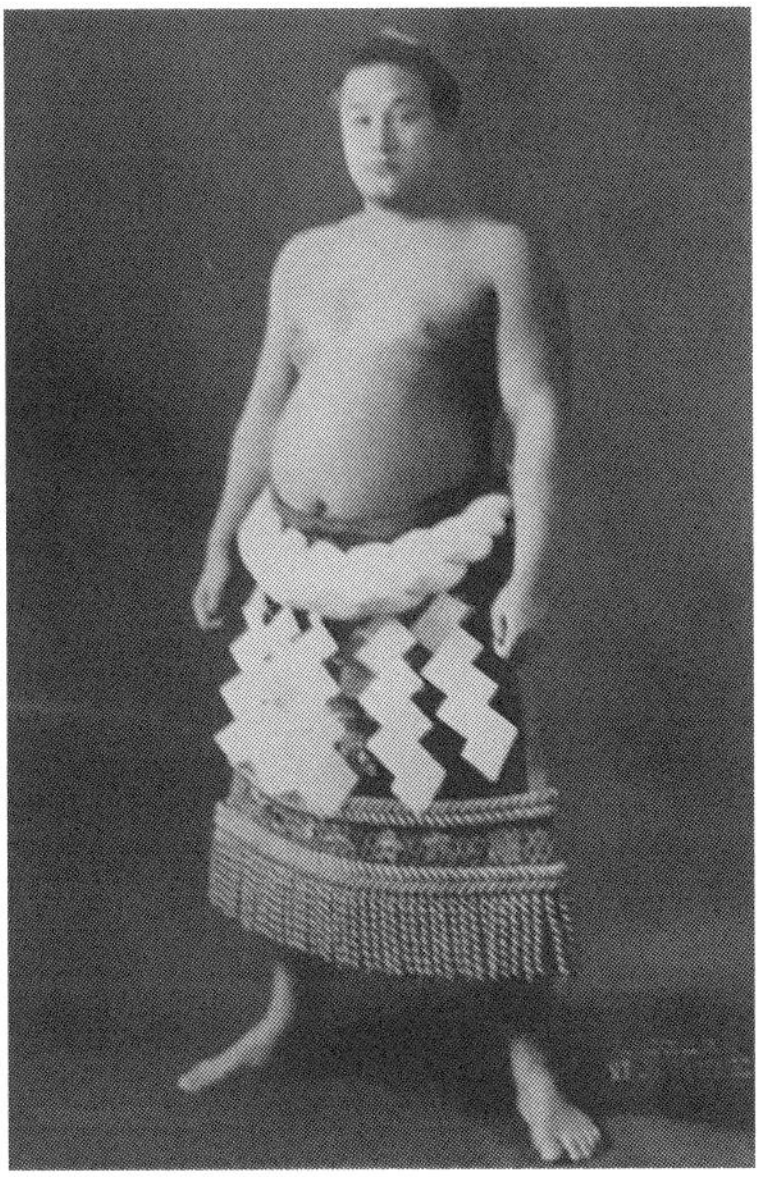
昭和13年、横綱に昇進した双葉山（写真提供／穐吉家）。

に揺られるままに、前後左右上下のあらゆる方向にしなやかに対応する柔軟な腰がどんどん重みと強さを増していったのでしょう。この場合の「腰の力」とは、腰の筋力ではなく、腰すなわち丹田にある重心を基底面から逃がさない能力です。

双葉山は、12年1月、5月と大関として全勝優勝を重ね、13年1月場所には新横綱となって13戦全勝優勝を果たしました。双葉山人気が非常に高まったために、12年5月場所から11日興行が13日制になりましたが、それでも観客を収容しきれず、14年5月場所からは15日制となったのです。

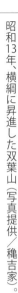

# 6 途半ばの69連勝

13年夏場所の千秋楽の結びに、双葉山対玉錦の一番が組まれました。この場所は、四横綱（双葉山、玉錦、男女ノ川、武蔵山）が全員出場し、玉錦は怪我から復活して9連勝と好調でしたが、その後男女ノ川、武蔵山の横綱戦に星を落とし、10勝2敗で千秋楽を迎えます。対する双葉山は、初日から、安定した前に出る相撲で12連勝し、千秋楽の玉錦との一番に66連勝目をかけます。

両者が立ち上がると、突き合いからすぐ右四つになります。双葉山は左の上手を取っていい体勢になりましたが、玉錦は上手が取れず苦しい体勢です。双葉山が、呼び戻し気味にグイグイ差し手を突きつけて出ていくところ、玉錦が外掛けにいくと、双葉山は体勢が崩れかけますが、何とかこらえます。大歓声の中、双葉山が再び呼び戻し気味に差し手から攻め立てると、玉錦も踏ん張り、両者が攻め疲れて動きが止まったところで水が入りました。再開後、疲れの見える玉錦は、早めに勝負に出ますが、双葉山は右に回り込んで逆に寄り返していきます。双葉山の激しいがぶり寄りを玉錦はこらえきれずに寄り倒されました。

手に汗握る大一番は、初めて玉錦に勝った相撲よりは柔らかな波の感じが出てきたようですが、まだまだ力に頼った相撲でした。連勝記録というものは、運が大きく左右しますから、相撲の本

玉錦による起死回生の外掛けに攻められながらも、これを必死にこらえる双葉山（奥）。手に汗握る白熱の攻防が続く。

水入りによる中断後、仕切り直しから回り込んだ双葉山が怒涛のがぶり寄りで玉錦を攻め立てる（共に、日本相撲協会資料映像より）。

質とはかけ離れています。双葉山が相撲の神髄に迫っていくのはこれからです。

土俵開きの方屋開口「勝ち負けの道理は天地自然の理《ことわり》にして　これ成すもの人なり」という故実言上は、勝ちと負けは、陰陽でしかなく表裏一体なのだと私たちに教えてくれています。相撲の本質は勝ち負けを超えたところにある――双葉山自身がそれを悟っていくのが彼の土俵態度から窺えます。

# 第8章　水を本とする波の相撲

## 1　結婚と双葉山道場設立

〝70連勝成らず〟の動揺から立ち直り、「信念の歯車が狂った」という15年夏場所の不調を乗り越えた双葉山は、いよいよ相撲道の完成に向けて歩みだします。その間、私生活の面でも大きな変化がありました。安芸ノ海に敗れた一番が日本中を揺るがした14年春場所後の4月29日、一般人女性との結婚式を挙げます。当時の力士の結婚相手は総じて、師匠の娘等の相撲関係者もしくは花柳界の女性で、いわゆる素人の女性との結婚は大変珍しいことでした。

相撲協会の大看板であり、全国の女性ファンの熱い視線を一身に集めていた双葉山の一般女性との婚約発表は世間を驚かせ、相撲関係者や周囲からは猛反対されます。これを危ぶんだ親しい

70連勝ならずの昭和14年（1939）1月場所から3ヶ月後、結婚によって新たな一歩を踏み出した双葉山（写真提供／穐吉家）。当時はまだ相撲界では珍しい一般女性との結婚だった。

友人も「無理をして結婚しても、自分を苦難の中に陥れることになる」と翻意を促したそうですが、双葉山は「この約束を破るのであれば自分はマゲを切る」といって、いささかもゆるぎませんでした。

新婚で迎えた14年夏場所を15戦全勝で優勝、その後15年夏場所こそ不調でしたが、16年春（1月）は14勝1敗で優勝し、夏（5月）を13勝2敗の成績で終えます（優勝は14勝1敗の羽黒山）。そして、この場所後には立浪部屋から独立して双葉山道場を設立し、現役横綱ながら弟子の育成にも心血を注ぐことになりました。

ところが時局はいよいよ風雲急を告げ、12月8日には開戦、泥沼の戦争へと突入していきます。このような時代に部屋の運営をしなければならない重荷を背負いながらも相撲道を究めんと淡々と歩んでいく双葉山の相撲は、この後どのように変化していったのでしょうか。

## 2 負けを引きずらない潔さ

時局は不穏さを増していき、16年頃からは双葉山にとって「心」の部分でいささかバランスを欠く、気苦労の絶えない状況がつづきますが、それでも優勝を重ねていきます。

ここで、16年春場所（1月）13日目の前田山戦を見てみましょう。高砂部屋の大関前田山は、入門時から何かと騒動を起こして3回も破門になった力士ですが、骨髄炎の手術から奇跡的に復活して以来、心を入れ替えて番付を上げてきました。

前日の12日目は、双葉山の弟弟子の大関羽黒山を張りつづけて勝ったため、新聞等では大いに非難されました。さすがに双葉山相手には張ってはこないだろうと見られていましたが、この日も張り手を交えて激しく突っ張ってきたため、双葉山の顔がみるみる赤らみ、観客も固唾をのんで静まり返ってしまいました。

突っ張り合いの後双差しになって頭をつける前田山に対して、双葉山は何とか右をこじ入れよ

相撲界一の異端児、前田山の激しい突っ張りを、緩んで受ける双葉山（右）。波の相撲への片鱗をのぞかせる（以下、日本相撲協会資料映像より）。

うとしますが、前田山は脇を固めてそれを許しません。双葉山が今度は左を差しにいくと、左四つがっぷりになりました。つかまえてしまえば双葉山有利かと思われましたが、前田山の闘志が上回り、寄ってくる双葉山を強引に吊り上げ、うっちゃるように吊り出しました。土俵際はもつれ、勝敗は微妙でしたが、軍配は前田山に上がります。まさに気魄勝ちでした。

一方の双葉山は、実に清々しい姿で花道を下がっていきました。このような際どい勝負なら、しかもあれだけ張られれば、不満な顔つきにも睨みつけたくもなりそうなものですが、何事もなかったかのように淡々として引き上げる姿には、勝ち負けを引きずらない潔さが感じられます。

# 3 勝ち負けを超えて天命を待つ

その翌日の14日目は、12勝1敗と好調の新大関安芸ノ海との対戦が組まれました。因縁の対決を是非見ようという客が寒空の中、前夜から国技館に詰めかけたため、夜の8時には木戸を開けて彼らを中に入れたそうです。

さてこの対戦は、まず安芸ノ海が素早く当たって突っ張り、双葉山に息もつかせずのど輪で攻め立てました。安芸ノ海は得意の左四つで頭をつけ、十分な向こうづけの体勢になります。左へ左へと回りながら差し手をどんどん深くし、同時に右の前褌もいいところを取って寄っていき、土俵際は右足で外掛けにいきながら浴びせ倒します。しかしそれを双葉山がうっちゃると、安芸ノ海は土俵下に落ちていきました。双葉山も弓なりで倒れ込んでいきましたが、軍配は双葉山に上がり、物言いがつきます。満員の観客は、「取り直しだ、取り直しだ」と叫んでいます。

物言いの協議を土俵下で待つ双葉山は、〝勝負は終わったから、あとは任せて天命を待つ〟という態度で、その姿は、前日同様、観る者をも浄めてくれるほど澄み切ったものでした。

巨漢力士、男女ノ川の中に、水のように入る双葉山（左）まさに「波の相撲」を体現する。

## 4 波の相撲の体現

結局取り直しとなったこの一番も、安芸ノ海がいい立合いで先手をとり、右を差して左はおっつけ、双葉山に右を差させないように寄っていきました。得意の足技も繰り出し、激しい動きを見せますが、双葉山が右下手を取ると、安芸ノ海の体が少し起きます。安芸ノ海は左へ左へと回って勝機を見出そうとしますが、双葉山の右の下手は深く入っていて腰の備えも十分です。安芸ノ海が上手投げを打つところ、双葉山は最短距離を動いて素早く腰を寄せ相手の体に密着し下手を突きつけ寄り切りました。短かい時間ながら、中味の濃い一番でした。

次に翌17年春場所の千秋楽、13勝1敗で迎えた結びの一番を見てみましょう。対戦相手は、193cm、150kg超の横綱男女ノ川です。双葉山は前年、アメーバ赤痢を再発し、体重が少し落ちたため、余計に小さく見えます。

しかし、この大きな横綱に何もさせずにあっという間に勝負を決め、9回目の優勝を果たしました。すぐに左を差し右も入って腰をスッと寄せ、瞬く間に寄り切ったこの一番では、相手の中にスルスルと水の如く入っていく、まさに力ではない波の相撲を取り切りました。

さらに18年夏場所千秋楽の照国戦を見ていきます。照国は前場所横綱に上がったばかり、双葉山より7つ年下の若手力士で、体が柔らかく腰が重いため攻めにくい相手です。その1年前の初顔合わせとなった一番では、双葉山を破っています。前場所は双葉山が勝ちはしましたが、水入りの大相撲となり、難敵には違いありません。

両者は喧嘩四つですから、立ち上がると、互いに有利に組み止めるために突っ張り合いになりました。その後は差しては離れ、離れては差しを繰り返します。照国が左を差し勝ちますが、双葉山も上手を取ってすかさず上手投げにいきました。それを照国が足をかけて残すと、双葉山は休まずにがぶり寄り、次いで左から大きく何度もすくいます。すると照国はたまらず両手を土俵に着いてしまいました。

上写真は新鋭、照国（右）との突っ張り合い。そこから、差し手争いへ（下写真）。前年、初顔合わせでは不覚を取った若手力士相手に熱戦を繰り広げる双葉山。

# 5 踏ん張らない相撲

双葉山の16年以降の土俵を追いかけていくと、心氣體が充実し、人間としての器が一段と大きくなったように感じられます。

相撲の取り方では、足の使い方が変わったように見受けられます。足を踏ん張らなくなり、土俵を蹴らなくなりました。踏ん張らなければ相撲は取れないように思われますが、一体どうやって相手からの力を受けたり押したりしているのでしょうか。

双葉山が踏ん張らずに相撲を取るのは、上から吊り下げられた丸太棒のように体を使うためです。彼の足元をじっくり観察してみると小刻みに足を滑らせているのがわかります。踏ん張るかわりに足を小刻みに滑らせることで、上半身の力によらずに丸太棒の傾きをある一定の角度に保ち、相手に重みをかけつづけることができるのです。

踏ん張る力が土俵との摩擦力を高め、前に出る力が増すのは確かです。しかし、踏ん張る力、即ち土俵を蹴る力は、人間の筋肉による力ですから、瞬時とはいえ時間がかかりますし、作用反双葉山の「踏ん張らない相撲」の秘密を、「天井から吊り上げられた丸太棒」に例え、「足を小刻みに滑らせること」による「揺動支点」の観点から解析する。支点を動かすことで丸太棒の傾きを一定の角度に保つ＝相手への荷重をブラすことなく、途切れない力を加えることとなり、その支える支点も相手には探りづらい。身体から出力される個々の筋力ではなく、地球の重力を最大限に活かした総和としての「相撲力」がそこに発現されている。

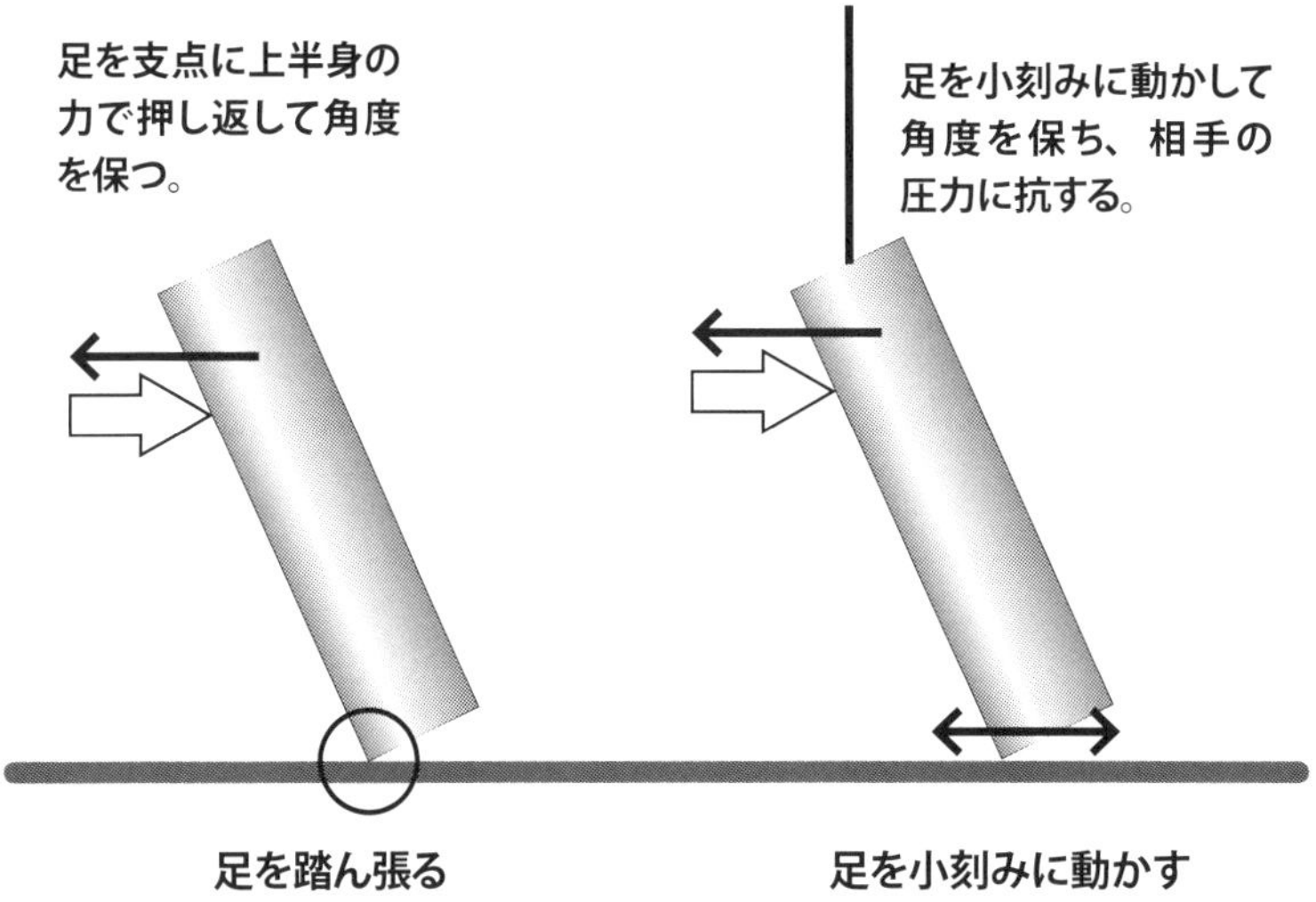
足を支点に上半身の力で押し返して角度を保つ。
足を小刻みに動かして角度を保ち、相手の圧力に抗する。
足を踏ん張る
足を小刻みに動かす

作用の法則により、力の方向が一方向になります。したがって、相手も力の方向を察しやすく、外すこともできます。さらに、踏ん張ることによって足の裏が支点になるため、一定以上の力が加わると耐えられなくなります。

　支点をつくることは、「居着く」ことにつながります。幕内力士の中でも一二を争う非力だったという双葉山は、居着かないために足を小刻みに動かし、力の相撲ではない方向に道を切り開いていったのでしょう。非力だったからこそ「相撲力」という相撲の本質力を高めることができたのです。

## 6 水を本として……

足で踏ん張る力や腕で押す力で相撲を取るのでなく、筋肉を緩ませ、上から吊られた丸太棒のように體を使えば、重力を最大限に利用して相撲を取ることができます。すると、力は波のように全方向に及び、相手は捉えようがありません。さらに、途切れることなく、絶え間なく、相手に力がかかり続けることにもなるため、相手にとってはどうにも攻めようがなくなります。

ただし、吊られた丸太棒のように體を使うのは至難の業です。體の深奥に軸をしっかり保たなければならず、かつ表面の筋肉はゆるゆるに緩ませなければなりません。波の相撲を体現するためには、體を水のように緩める必要があるのです。

武蔵は五輪書で水の動きを手本とするように指南しています。「水を本として、心を水になる也」――心身がそういう状態だったからこそ、前田山の強烈な張り手や突っ張りを受けているときの双葉山の體はまったく緩んでいましたし、際どい勝負の後も、取り直しになったときも、何事もなかったかのように泰然自若としていられたのでしょう。

# 第3部

# 技

## （巧妙な相対制御）

# 第1章 常陸山の相撲に見る泉川と吊り出しの力学

## 1 少年の頃から剛力だった常陸山

明治の大横綱常陸山《ひたちやま》は、立ち合い相手の声で受けて立ち、思う存分に攻めさせた後、掴まえて吊り出すか泉川《いずみがわ》という相手の片腕を両腕で極めて出す豪快な取り口で知られ、相撲ファンの間にもこのような取り口が〝横綱相撲〟として定着していきました。

常陸山は、本名市毛谷右衛門、明治7年水戸藩の由緒ある家柄に生まれたものの、水戸中学三年のときに家業が傾き、叔父が勤める東京専門師範学校に入学するため上京します。叔父は、明治剣道界で剣聖といわれた内藤高治で、起居を共にするうちにこの甥の非凡な剛力に気づきます。剣道をさせると竹刀を叩き割り、亀戸天神では大人二人がかりでも持てない力石《ちからいし》を軽々と持ち上

威風堂々たる横綱・常陸山。もちろん、当時としては大柄ではあるものの、六尺を越える偉丈夫が揃った角界では、さして巨漢の部類には入らない力士だった（写真提供／市毛弘子）。

げました。これは相撲取りになるしかないと入門を勧めますが、父親が「裸芸人なぞ断じて許さん、家門の恥だ」と猛反対。それを従兄である朝野《ちょうや》新聞主筆の渡辺治が父親を説得して同郷の出羽ノ海に紹介し、入門が決まりました。

出羽ノ海は、自分の部屋を持つほどの資力がなかったため、年寄ながら現役として高砂部屋で稽古を続け、弟子の常陸山も初代高砂に預けていました。幕下までは順調に番付を上げた常陸山でしたが、師匠の姪に失恋

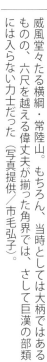

すると負け越して三段目に落ちたところで部屋を脱走。その後は名古屋相撲、大阪相撲で大関を張り、2年後には見違えるほど強くなって東京に戻ってきます。幕下附出しでの復帰後は快進撃を続け、幕内、大関、横綱へと駆け上がり、幕内での戦績は、150勝15敗22分2預かり、まさに勝率9割を超える圧倒的な強さを誇りました。

## 2 懐が深い常陸山

常陸山は、剛力で受けて立ち、技を使うというよりも力任せに相手を封じ込める印象がありますが、全盛期にはほとんど負けなかったことを見ると、単なる力任せではない、理詰めの相撲を取っていたのでしょうか。

常陸山がぐんぐん番付を上げていく時、常陸山を筆頭として、梅ケ谷、大砲《おおづつ》、朝潮《あさしお》、逆鉾《さかほこ》等が独特の個性派力士として当時の大相撲を多彩なものにしてました。当時の充実した面々の中であれだけ安定した成績を残していったのですから、単なる力だけでは成し得ないことなのでしょう。

強引そうに見えて、無理な技はかけないから、長い相撲も随分と多かったようです。相手の声で受けて立つので、相手に中に入られることが多いのですが、常陸山の場合は、中に入られても全く不利には見えないどころか、逆に余裕さえ感じられました。懐の深さの成せる業なのでしょう。

「懐が深い」とは、心が広いとか包容力があるとかいう意味で日常でも使いますから馴染みのある言葉ですが、相撲で使われるとき、もっと複雑で奥深い意味を持ちます。物理学的に考察してみましょう。

## 3 脇の周りをゆるめて撓《た》め出す

相撲で「懐が深い」という場合は、長身で腕が長く胸と腕の間に余裕があって、相手が攻めにくいことを指す場合が多いのですが、常陸山はさほど長身でなく腕も長くありません。175cmほどでしたから、決して低い方ではありませんが、常陸山より背の高い力士は沢山いました。大砲や朝汐はもちろんですし、太刀山や駒ケ嶽《こまがたけ》は190cm近い長身でした。

常陸山の相撲を見ると、懐の深さは身長や腕の長さといった体型のみに関わるのではなさそうで、得意とする泉川は元来、差し込まれたときに相手の腕を撓《た》めて防ぐ技です。撓《た》めるとは、本来「たわむ」や「しなう」「弓なりにまがる」等の意味があり、常陸山は相手が差してきた腕を

昭和5年1月発行『角觝書談』（栗島狭衣・鰭崎英朋著　教學院書房刊）より「泉川」の図。得意技であっただけに、モデルも常陸山である。

両腕で極めて寄り切ったり、振り飛ばしたりしています。

それで泉川のことを「撓《た》め出し」といいますが、相手の腕が折れ曲がりそうになる強烈な技です。

普通、差されると体が浮き上がってしまうものですが、常陸山の場合は、脇にゆとりがあり、相手の差し手を包み込んでしまうような感じがあります。脇の周りの肩や肩甲骨、肋骨までをゆるめて相手の力を吸収していたのではないでしょうか。

体はゆるむと液体に近い状態になりますから、相手にとって重心が捉えづらくなります。同じ10kgの重さでも固い石と水袋とでは、持ちにくさが全然違ってきます。相手にとっては掴みようがなく、力が伝わらない感覚に陥りますから攻めようがなくなってしまうのです。

# 4 強靭で柔らかな腰が生み出す泉川

ゆるめて重みを効かせながら、怪力で相手の腕を上に持ち上げるように撓《た》めますから真綿で締め上げるような効き目があったのでしょう。さらに、この技の難しいところは、相手の腕を撓《た》めようとすると自分の重心も上ずってしまうことです。相手の腕を撓《た》めながら、自分の重心は浮き上がらせることなく丹田に留めておかなければなりません。

力任せな技にも見えますが、高度な体の使い方をしているのです。あまりにも簡単に決まるものですから、誰もが使ったら良さそうなものですが、簡単に使える技ではありません。

閂《かんぬき》は、相手の両腕を極めてしまいますから、体格が良く腕力の強い力士なら得意手として使えますが、泉川は、相手の片腕だけを攻めますから、重心が少しでも崩れると、もう片方の腕で逆襲されてしまいます。それゆえ危険な技だともいえます。上背や腕力があっても、上体の動きに引きずられない腰が出来ていないと、かえって墓穴を掘ることになり、泉川を使える力士は滅多に出ないのでしょう。

やはり相撲は腰が大切で、この場合、単なる強靭な腰ではなく、ある時は全身をつなげて、文字通り要となる腰として働き、ある時は上半身に引きずられない、いわば上半身の柔らかな動きを支えるための腰として働く、強さと柔らかさを瞬時に切り替えつつ同時に使える腰でないと、泉川を決めることはできないのだと思います。懐の深さとは、強靭かつ柔らかな腰があってこそなのです。

## 5 吊り出しの力学

常陸山のもうひとつの得意技の吊り出しはどうでしょう。こちらは、腰というよりも腕力に頼る割合が多いように思えます。

確かに、泉川に比べると目にする機会は多いのですが、吊り出しといっても色々な吊り方があります。腕の力で吊り上げるのと、全身を使ってテコの原理で相手を腹に乗せるように吊り上げるのとでは、力の使い方が随分違います。腕の筋力を全く使わないわけではないのですが、腹に乗せるように吊る場合は、よりその傾向が強くなります。

テコの原理は、小さい力を大きな力に変える魔法のようなところがありますが、そもそもどういうふうな仕組みになっているのでしょう。

同じく『角觝書談』より「吊り出し」の図。右の浦ノ濱が相手の対馬洋を吊り上げている。

テコには、力を入れる「力点」と、力が働く「作用点」、支えとなる「支点」があります。普通、棒で大きな石を動かすような場合は、支点と作用点の距離が短く、支点と力点の距離が長く取れると、小さな力で大きな石を簡単に動かすことができます。これを第一種のテコといいます。ただし、使う力は小さくなっても、動かす距離は長くなります。小さな力で長い距離を動かすか、大きな力で動かす距離を短くするか、ということで、シーソーの原理と同じことです。

支点からの長さとそこに加わる力を掛け合わせたものが棒を回転させる力になります。人間の体も、テコの原理で動いています。

## 6 人間の体は第3種のテコ

人間の体は、筋肉が収縮することによって骨を動かし、物三種類の「テコ（梃子）の原理」。第１種のテコは、力点と作用点の間に支点を置いた形であり、第２種のテコは、支点と力点の間に作用点がある形。そして第３種のテコは、支点と作用点の間に力点がある形となる。

第１種と第２種のテコは小さな力で大きな力（作用）を発揮させることができるが、第３種のテコは力点で大きな力を加えても作用点で小さな力しか得られない。

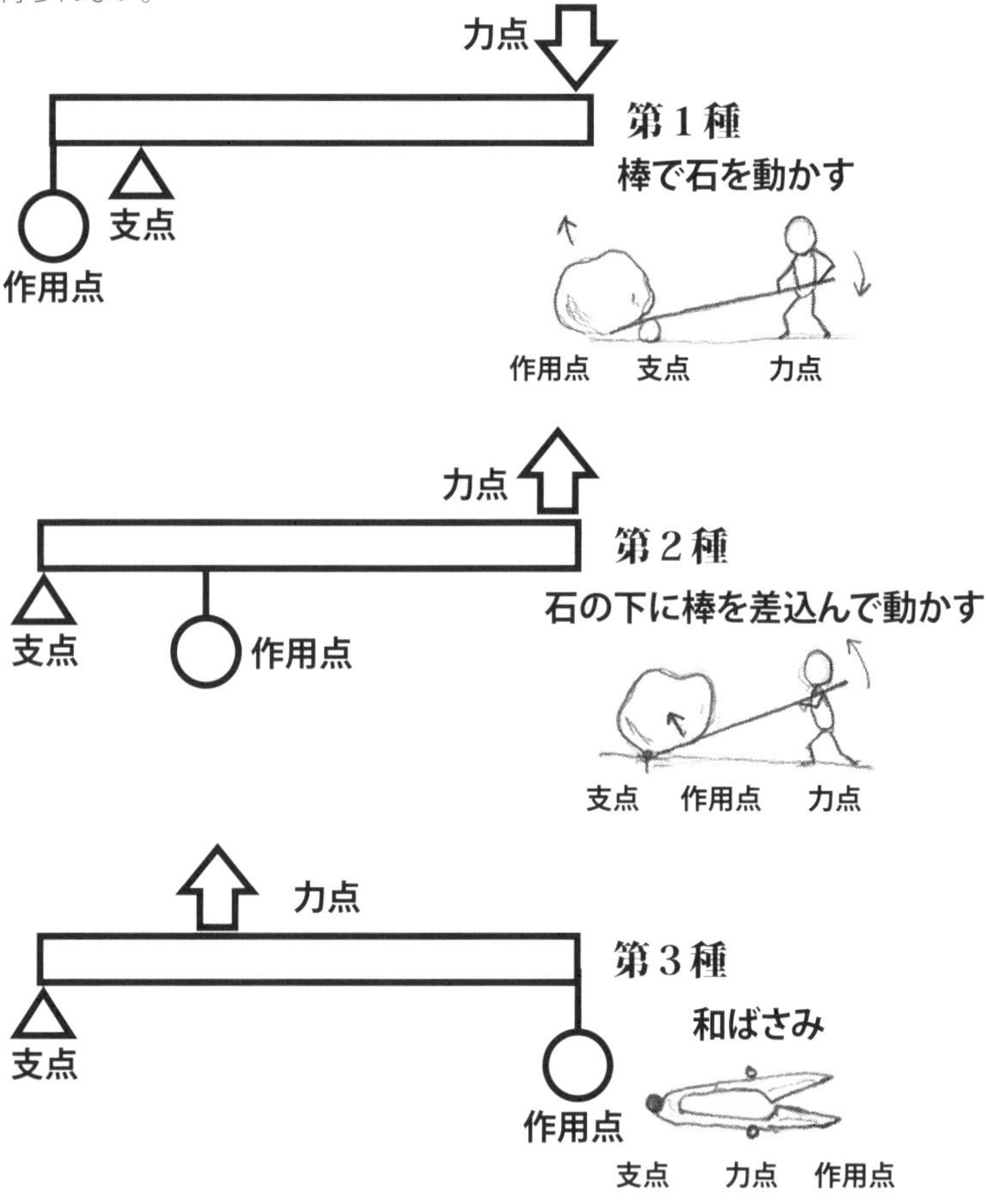

を持ったり相手を吊り上げたりしています。ただ人間の体では、多くが力点と支点が近く、力を発揮する作用点の方が長い、第3種と呼ばれるテコになっていますから、動かす距離では得をしますが、力では損をする作りになっていて、力よりも動きの方を重視するようになっています。

人類として生き延びていくためには動きの速さの方が重要だったのでしょう。力の方は、様々な道具を生み出してテコの原理で大きな力を発揮する術を考え出してきた訳です。

吊り出しに戻りますと、腕力を使って相手を吊り上げる場合は、作用点である相手の体を持ち上げるのに、肘や肩が支点となり、付け根に付いている筋肉が力点となって力を発揮しますから、支点から力点までの距離は短く、作用点までの距離が長い第3種のテコになります。つまり非常に効率の悪い力の出し方になってしまうのです。それでもああやって100kgを超える人間をグイと吊り上げるとすると筋肉自体はものすごい力を発揮しているのです。

相手との距離にもよりますが、筋肉自体は相手の体重の何倍もの筋力を使っていることになります。特に腕の力で相手を持ち上げようとするとものすごく大きな力が必要になります。

腕力だけで重い物を持ち上げる場合、肘関節が支点となり付け根に付着する筋肉が力点となるので「第３種のテコ」となり、支点から作用点までの距離よりも力点までの距離が短いので、非常に効率の悪い力の出し方となる。

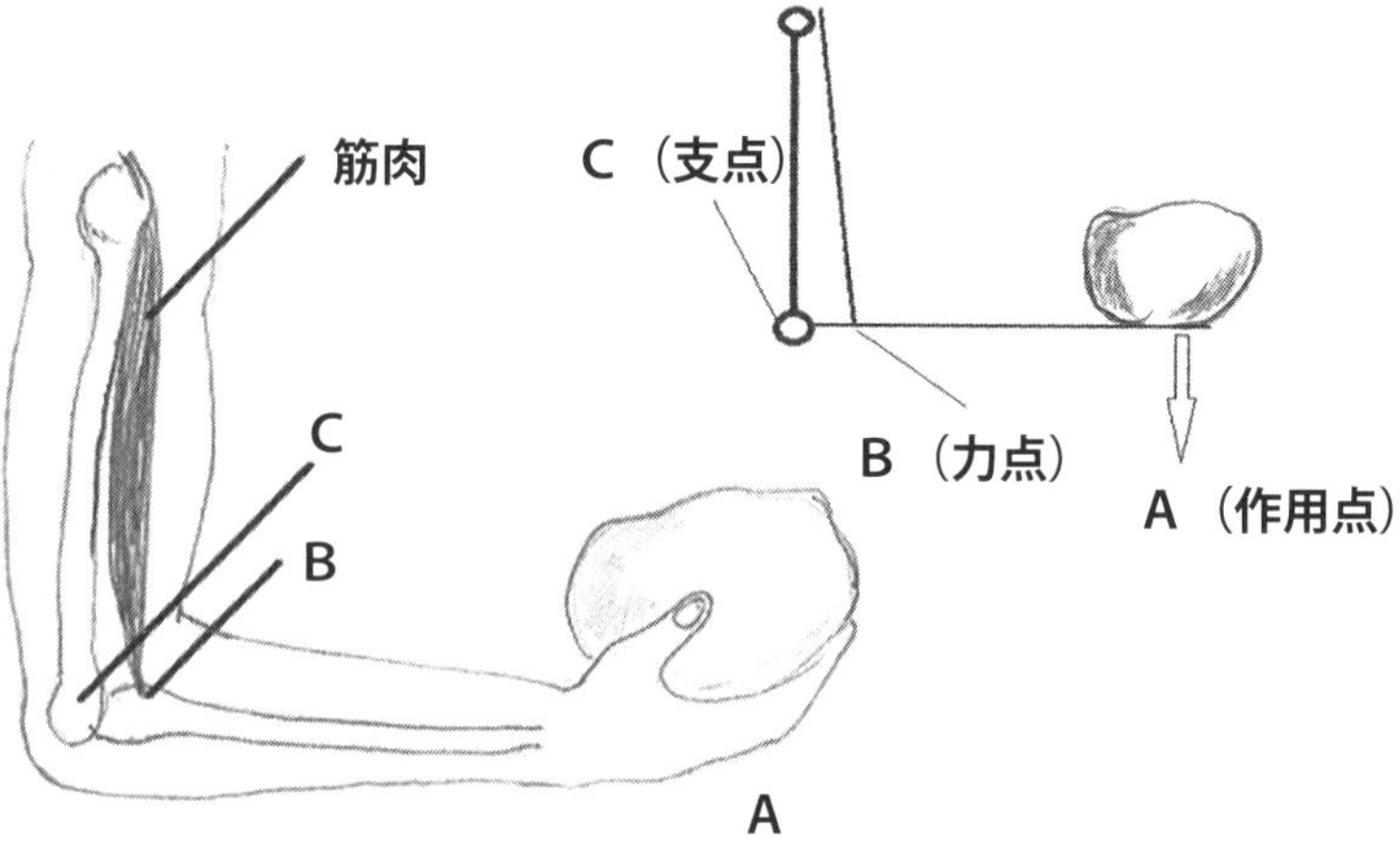


## 7 全身をつなげることで第1種のテコになる

背中や脚の筋肉も一緒に使うことが大切になり、腕だけで持ち上げるよりも、背中や脚の筋肉も使えば、使える筋肉の量は格段に増えますし、何より「支点」が肘や肩ではなくなります。

どんな太腕の力士でも腕だけの筋肉で発揮する力はたかが知れています。全身の筋肉をつなげることで、体を一本の棒のようにテコとして使うことが出来ます。テコとして使うために全身をつなげる訳です。

腰を割って相手を引き付け、できれば相手のマワシの下に入るように密着していきます。

この場合、少しは腕の筋力も必要ですが、相手を引き付けるというよりも自分が相手にくっついていくようにして腰を入れるのが理想です。

くっついてしまえば相手との距離はなくなりますから、物理学的にも小さな力で済みます。自分のマワシが相手のマワシの下に入っていますから、相手が離れないようにしっかり引き付け、足を支点にして腰を反るように斜め上方に引き上げると、相手を簡単に吊り上げることができます。

釘抜きで釘を引き抜くように、相手を土俵から抜き上げてしまえるのです。

この場合、腕の力は、持ち上げるためではなく相手を離さないために使っています。動かさないことで、全身を釘抜きのようにテコとして使えるようになるのです。土俵から浮かせて腹に乗せてしまえば、相手は踏ん張ることが出来なくなりますから、足腰が強いとか力が強いとか関係なく土俵の外に運び出すことができます。

## 8 吊り上げたら差した方へ歩く

それでも、足をばたつかせたり、足をかけてきたりする力士もいますから、反り過ぎると、体重を預けられ後ろに倒されることもあり得ます。それゆえ、吊った後は横に歩いていかなければなりません。

「吊ったら差した方へ歩け」とは、横へ歩けということなのです。

相手を吊り上げた状態で、足を前へ出すと、相手に足をかけられたり、体重を預けられたりする恐れが増すばかりか、体が反り過ぎてしまう可能性が出てきますが、横へ歩けばそういう危険はなくせます。

差した方へ歩けというのは、自分の差し手が相手の中に入っていますから、差した方へ歩くとそれだけで相手は一緒に運ばれていきます。一方、上手の方へ歩こうとすると相手を上手から引っ張っていかなければなりません。その分、余計な力を使うことになりますから、隙が生まれたり、相手に反撃のチャンスを与えたりしかねません。

差した方へ歩くことは、理に適った動きです。泉川や吊り出しという、力任せに見える技にも思った以上に計算された理合いがあるのです。その技をいとも簡単に使いこなしていた常陸山の懐の深さには底の知れない何かがあるように感じられます。相撲が強かったのはもちろんですが、その懐の深さが明治の大相撲界を隆盛させ、他人《ひと》をして「角聖」とか「御大《おんたい》」と呼ばしめたのでしょう。

# 第2章 小兵名人玉椿の相撲に見る立合いの力学

## 1 這いつくばるような仕切り

梅・常陸時代に何場所も関脇を張った玉椿は、小さい体ながら、常陸山と四つに組み合ってびくともしませんでした。回向院で常陸山と引き分ける相撲を実際目にした人によりますと、全身が一本の棒になって土俵に突き刺さっているように見えたといいます。国技館開館の場所で優勝した高砂部屋の高見山は、玉椿との対戦が決まると発熱を起こして前の晩から眠れないほど嫌がっていたという話もあります。

小さいながらも全身鋼のような筋金入りで、左を差して頭を相手の胸につける向こうづけの体勢になるとテコでも動きません。仕切りも独特でした。小さな体が土俵に這いつくばるようにさ関脇・玉椿の特異な仕切りを描いた『角觝書談』（栗島狭衣・鰭崎英朋著　昭和5年1月発行　教學院書房刊）の図。「平蜘蛛」とはよく言ったもので、あるいはガマガエルが這いつくばう姿にも似ている。

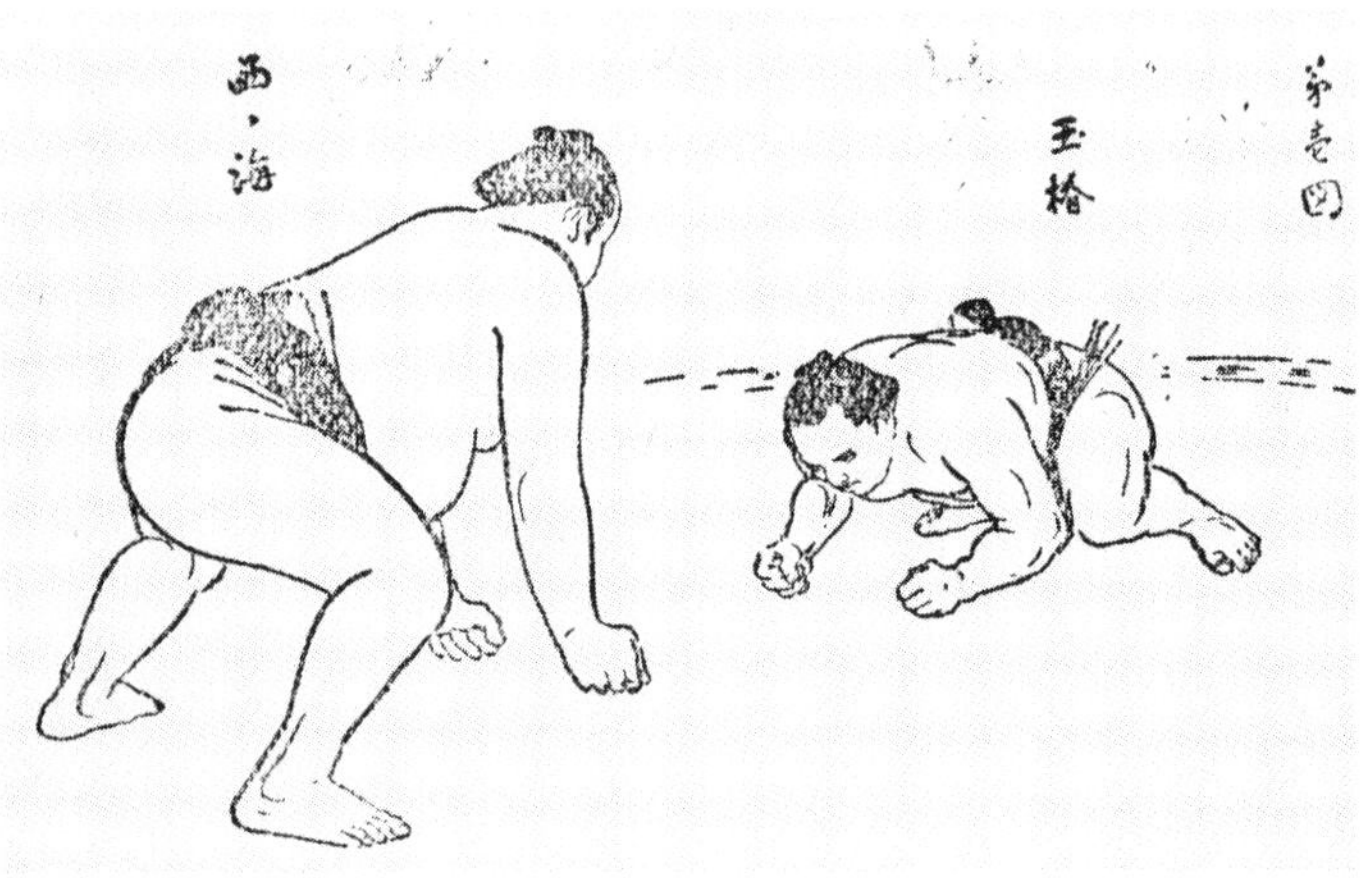

らに小さくなるので相手はたまりません。平蜘蛛仕切りといいますが、体の大きな高見山は、あの仕切りを見ただけで戦う前から震え上がった事でしょう。

まさに玉椿にしか出来ない仕切りで、肘を土俵に付けるように低く構えますから、相手にとっては当たり所がないというより上から下に叩く事しか出来そうもなくなります。這いつくばった構えから相手の懐に飛び込んでいきますから、足腰が相当強くないと出来ない芸当です。それと同時に股関節や足首の柔軟性も必要でしょう。

骨格の構造から考えても、あんなに低く構えると、普通は動けなくなるはずですが、あそこから魚雷のように突き刺さっていくのですから。

左右の足裏を結んだ平面である「基底面」の中に重心があれば、人体は安定して立つことができる。その重心が基底面から外れようとする時、無意識に足が動かされることで、人は転ばずに済んでいる。

あの立合いだけは誰にも真似の出来ないものでしょう。

## 2 転ぶときにはたらく力学

叩かれても落ちない自信があったから、あんなに低く当たれたのでしょうが、そもそも人が転ぶ転ばないというのはどんな理屈によるのでしょうか。

人は、小さな2つの足で大きな体を支えるという力学的に非常に不安定な姿勢で立ち、動いています。人と同じ形をしたブロンズ像を立てておくと、軽く押しただけで転んでしまいます。重心を支えている面を基底面といいますが、基底面である足の面積は大変小さいので、重心が基底面から外れると転ぶ訳です。ところが人は、重心が基底面から外れそうになると、足を動かして基底面を動かすことで転ばないですみます。

外れた重心に足が追い付かないと転んでしまいますが、上半身を動かすことで重心の位置を変えられますから、上半身を柔らかく使える力士は転びにくいという事になり、足の運びと体の柔らかさが転びにくさに関係してきます。

そうすると、13尺（現在は15尺）という狭い土俵は足の運びに制限を加えますが、一方では円形の土俵を丸く使えば無限の広さが得られるという訳で、実にうまくできているといえます。

円形の土俵が出来たから、相撲はますます面白く奥深くなったのでしょう。

## 3 蹴らずに動き出す

転ぶ転ばないという話から考えていくと、玉椿のあの這いつくばるような低い立合いが、速さを生み出していたのではないでしょうか。

あまりにも低いと動きにくく速さは出そうにない気がしますが、その実玉椿は一瞬にして相手の懐に飛び込んでいきました。

自分が転びそうになったときのことを思い出して下さい。人は転びそうになると、転ばないよう足を大きく速く前に出します。すると、外れた重心に足が追いつき転ばないで済みます。

立合いで強く相手に当たろうとすると、通常は土俵を強く蹴ることによって当たりを強くしよ同じく『角觝書談』より、低く巨漢の懐へ飛び込む、玉椿独特の立合いの図。相手の西ノ海が玉椿をはたき落とそうとしながらも、いち早く懐へ飛び込んでいる玉椿の素早い身のこなしが、如実に描かれている。

うとします。当たりの強さは土俵を蹴る力に比例するといって差し支えないでしょう。

しかしながら、武術的には蹴る動きはご法度です。蹴ると動き出しが遅くなる上に、相手に動きが読まれやすくなりますから、良くないとされています。床や地面を蹴らずに倒れ込むように、重心移動によって足を運ぶのが大切な事なのです。素人的には、土俵を強く蹴った方が強く速く当たれそうな気がしますが、蹴らず倒れ込むようにした方が合理的なのです。

## 4 動き出しには時間と力を要する

土俵を蹴る立合いは、脚の力を使って土俵を押し、その反作用で体を前に進めます。いわば、重力に逆らって体を動かしている訳です。脳からの指令に筋肉が反応して土俵を押し、その反作用でようやく体が動き出しますから、時間を要します。もちろんそれは一秒以内の出来事ですが。

一方、倒れ込むように前に出る立合いは、重力を利用して体を動かしていることになります。重力は常に働いていますから、前に落ちないように支えている腕の力を抜きさえすれば、その瞬間に動き出すことが出来ます。

動き出しに要する時間が違ってきます。真剣での切り合いは、その動き出しの一瞬の差が生死を分けるのですから、蹴って動くことが厳に戒められてきたのです。

それに土俵を蹴って動き出すためには、止まっている自分の体に加速を与えなければなりません。ニュートンの〝慣性の法則〟によりますと、止まっているものは止まり続けようとします。それを慣性といいますが、その停止慣性に打ち勝つような筋力を出さないと自分の体は動いてくれません。動き出しが一番大きな力を要する訳です。

逆に倒れ込むように動き出す場合は、地球に引っ張られて動こうとしている自分の体を腕の力で止めているのですから、その力を抜くだけで動き出します。土俵を蹴って動くということは、動き出しが遅くなるだけでなく、余分に大きな力も必要になるのです。

玉椿は、転びそうになりながら相手の懐に飛び込んでいますから、あんなに速く強く当たれた

常陸山（右）と玉椿の一番（写真提供／市毛弘子）。低く懐へ入り込んだ玉椿を持て余している雰囲気が伝わる。一見、横綱へ寄りかかっているような体勢だが、両踵が粘り強く地に着いた玉椿の足腰は十分に力を溜めているのが見て取れる。

のでしょう。

## 5 一直線にしか進めない動き

さらに、〝作用反作用の法則〟も絡んできそうです。足の蹴る力で相手に当たる場合は、足で蹴った土俵からその反作用をもらって相手に当たります。そのとき、足で蹴る作用の力と土俵からもらう反作用の力は、大きさが同じで向きが反対だというのが、ニュートンの運動の第3法則〝作用反作用の法則〟です。

当り前の事のようですが、押す力と寸分違わぬ力で押し返してくるとは、力とは誠に律儀なものです。

　ここで注意すべき点は、作用と反作用の力は、同一線上で反対向きに働くということです。同一線上ですから、一直線に進むことしか出来ません。

　一直線に進むから強く当たれるような気もしますが、相撲が当たる強さだけを競うならいいのでしょうが、相手は手を出してきたり差しにきたり、また左右へ変化する場合もあります。千変万化の動きに対応出来なければなりませんし、待ったと見せかけて当たりをずらしてくる相手もいます。

　それゆえ、一直線にただ当たっていくことは、大きな危険を孕んでいて、最善の策とはいえません。当たっていきながらも相手の様々な動きに対応出来る状態でなければなりませんが、土俵を蹴る、即ち作用反作用によって動くことは一か八かの賭けになってしまいます。

　一方、重力を利用して倒れるように当たっていく場合は、足の動きは自由ですから相手の変化に自在に対応出来、かつ滑らかに動くことが出来ます。

　動き出しが早い上に無駄な力を使いませんから、相手の変化にも幾らでも対応できるという訳で、まさしく合理的です。

# 6 つま先で蹴って当たることの不合理性

当たる強さに関しても、土俵を蹴って当たった方が強いように思われますが、蹴る動きは力学的に大変不合理です。

人の重心は、足の中心より後ろの踵寄りにあります。大きな体重を支えるために踵には、距骨と踵骨という大きなしっかりした骨がありますが、つま先の方には、細い骨が指先までつながっているだけです。土俵を蹴って相手に当たると、つま先を使って体を前に進めることになりますが、つま先は骨格を見ても動き出しの大きな力を出す構造にはなっていないのです。

勢いよく当たっているように見えても体重をしっかり乗せられないから軽い当たりになってしまう訳です。武蔵の『五輪書』に、「つまさきを少しうけて、きびすをつよく踏むべし」という言葉がありますが、これはつま先で蹴るのではなく少し浮かせ、きびす（踵）に体重を乗せて動けという教えなのでしょう。

さらにつま先で蹴るには、つま先を真っすぐ前に向けなければなりません。その方が効率よく蹴ることが出来ますから。ところが、つま先が前を向くと、膝も前を向き、股関節が閉じてしまいますから、腰が割れなくなるという問題が起こります。

相撲で一番大切な「腰を割る」ことが出来なくなってしまうため、いい相撲は取れないことになります。

## 7 重力を利用して倒れ込む立合い

玉椿の立合いに話を戻しますと、あの這いつくばるような構えから、さらに落ちていくように重心移動していきます。足で土俵を蹴るのではなく、躓《つまづ》いて転がるときのように、つんのめっていくのです。ここからが名人玉椿の柔軟かつ強靭な足腰の見せどころですが、つんのめるのを利用することで足の運びが大きく速くなり、同時に上体は幾分上向きに起き上がっていきますから、今にも転びそうな体勢でも転ばないで相手の懐に飛び込んでいきます。

転びそうに突っ込んでくるから、相手は思わず叩きたくなります。ところが、足が予想したより早く大きく出て、上体が浮き上がってきますから叩こうにも間に合わなくなってしまうのです。

蹴らずに倒れ込むように出てくると、動き出しが早く、下から浮き上がってきますから、相手は気がついたら懐に入られてしまっているという感じではないでしょうか。

現在、あまり見ることのない、指を立てた仕切り（日本相撲協会、資料映像より）。突っ張りを得意とした力士には、指を開いて仕切る力士が多かった。

あの小さな体ゆえに、稽古に稽古を重ね、誰にも真似の出来ない独特な立合いを編み出したのでしょう。そしてその立合いは、重力を最大限に利用した、力学上の原理に叶った動きだったのです。

## 8 静から動へと局面を変える立合い

回向院で相撲が行われていた明治時代は、仕切りも多彩でした。玉椿の逆で腰を下ろさず立ったまま仕切ったのは、怪力で知られた高砂部屋の大関大達です。性格的にも人を見下したような傍若無人な所があり、後に初代高砂から破門されて伊勢ノ海部屋へ移籍したという変わり種でした。指を開いたまま仕切ったのは、雷部屋の小結鬼ケ谷です。この力士は横綱2代目梅ケ谷のコーチ役として知られ、51歳まで現役を務めた名物力士でもありました。高砂部屋の関脇若湊も、指を開いて立てた仕切りから猛烈な突っ張りを繰り出していました。突っ張る力士には、指を開いて仕切る力士が多かったようです。

それぞれ自分の得意な形をつくるために仕切るときから工夫を凝らしていたようです。立合いは、静から動へ変わる局面だけに大変難しくなります。境界面や不連続面は、物理学でも大変厄介ですが一番重要な問題ですから、相撲の立合いは尚更のことです。

やはり相撲は立合いに尽きます。名人玉椿の真骨頂は、あの独特な立合いにあったのです。

# 第3章 初代梅ケ谷藤太郎の相撲力 その1

## 1 勝率9割5分、天下無敵の横綱

明治前半の大相撲界で圧倒的な強さを誇った第15代横綱初代梅ケ谷藤太郎は、弘化2（1845）年、福岡県朝倉郡志波村字梅ケ谷に生まれました。幼少の頃より力自慢で鳴らし、18歳で大阪相撲に入門、23歳で大関に昇進します。その後、大関の座を投げうって江戸の玉垣部屋に入門、明治4年3月再び前相撲から出発すると、さすがに段違いの実力を示し、明治7年入幕、11年大関昇進、17年2月には横綱免許を授かります。同年3月芝浜離宮の延遼館における天覧相撲で横綱土俵入りを行い、その模様は豪華絢爛大絵巻の様相を呈したと新聞等に取り上げられ、大きな話題となったことにより、それまで裸踊りと蔑められることもあった大相撲の地位向上に大いに貢献することとなりました。

突っ張りと左筈、右上手で寄る堅実な相撲ぶりによって、安定した強さを発揮し、入幕後の敗戦は6回のみ、0・951という歴代横綱の中でも最高の勝率を上げています。

年寄となった初代梅ケ谷の雷権太夫は人望厚く、現役時代の実績は元より親方になってからの功績も大きかったことから、相撲界では初代高砂浦五郎、横綱常陸山の出羽ノ海谷右衛門と並んで、明治・大正期の三傑と称されています。

取り口ばかりでなく性格的にも堅実だった雷が取締となったとき、現役時代の実績は自分より大きく劣りますが先輩であった初代高砂を立て、決して表には出ず一歩引いて支えました。そして初代高砂没後には、中心となって協会運営に当たり2代目高砂と共に国技館建設という大偉業を成し遂げています。

何事にも動じない肚や腰に加え、全てに行き届いた綿密で細やかな神経が、初代梅ケ谷の相撲の強さを支え、それが親方としての仕事ぶりや態度にも表れていたように思います。年寄雷はその徳望により、退職後も「大雷」と尊称され、亡くなるまで頼りにされました。

初代梅ケ谷の相撲を通じて相撲力とは何か探っていきましょう。

梅ヶ谷の画。この画は、筆者の引退記念に知人の木村浩之画伯から退職祝いとしていただいたもの。梅ヶ谷の持つ、ガッシリとした力強さの中に、指の先まで神経が行き届いた柔軟なキメの細かさが表現されている。

## 2 初代梅ケ谷の画

相撲絵で知られる木村浩之画伯が、初代梅ケ谷藤太郎の土俵入り姿を私の還暦祝いに描いて下さいました。数多の横綱の中でもその腰の備えと、指の先まで神経のゆき届いた佇まいの美しさに惹かれて、初代梅ケ谷藤太郎を題材に択んだのだそうです。

確かにしっかりとした腰の備えがあり、全身が見事につながって一分の隙もないように見えます。がっしりとした力強さの中に、柔軟で幾重にも重なった奥の深さもあるような感じがします。

常陸山や太刀山のような他を圧倒する腰

や肚の強さではなく、一見堅固そうですが、よく見ると柔軟で相手を引きずり込むような奥深さも感じられます。

引退する一年前の明治17年に浜離宮の延遼館で行われた天覧相撲は新聞にも大きく取り上げられ、相撲人気を一気に高めたのですが、その後梅ケ谷は2敗しただけで辞めてしまい、さらに話題となりました。

入幕してからの負けは6回だけで、前頭で3回、大関では1回、横綱免許を授かってから2回敗れ「横綱は負けるものではない」と言って引退してしまいます。まだまだ江戸人の潔い気骨が骨身にしみて残っていたのでしょう。

## 3 相撲力に秀でた横綱

体は、176cm・124kgですから、当時の力士としては大きい方には違いありませんが、他を圧倒するほどではありませんでした。力は強かったそうですが、常陸山や太刀山ほどの剛力ではなかったようです。勝率9割5分の安定した強さの秘密はどこにあったのでしょう。圧倒的な体の大きさや力の強さがなかったから、より緻密で堅実な相撲を取ったのではと推察されます。

相撲には、心氣體が三位一体となってはじめて出てくる力があるといい、それを〝相撲力〟といいます。初代梅ケ谷は、その相撲力に秀でた力士だったように思われます。相撲力を物理学的に探求してみましょう。

物理学で定義される「力」とは、物体の状態を変化させるものですが、〝相撲力〟という言葉には、もっと複雑で高度な要素がたくさん絡み合っています。腕力や膂力に優れているばかりではなく、心氣體三位一体の力、即ち総合的な力ということになるでしょう。相手を動かしたり、崩したりするだけでなく、自分の体勢を崩さないように保つことも強さに繋がるのでしょう。

体勢が崩れないように保つことは、骨格の構造をつくることに他なりません。骨格の構造という角度から相撲力について考えてみましょう。

## 4　自然界の基本は三角形

雪の結晶は、ほとんどが六角形の基本構造を成していて、その基本となるのが三角形を四つ繋げた正四面体です。

雪は元来、氷の粒に水蒸気がくっついて出来たものです。氷は水が固まったものですから水分

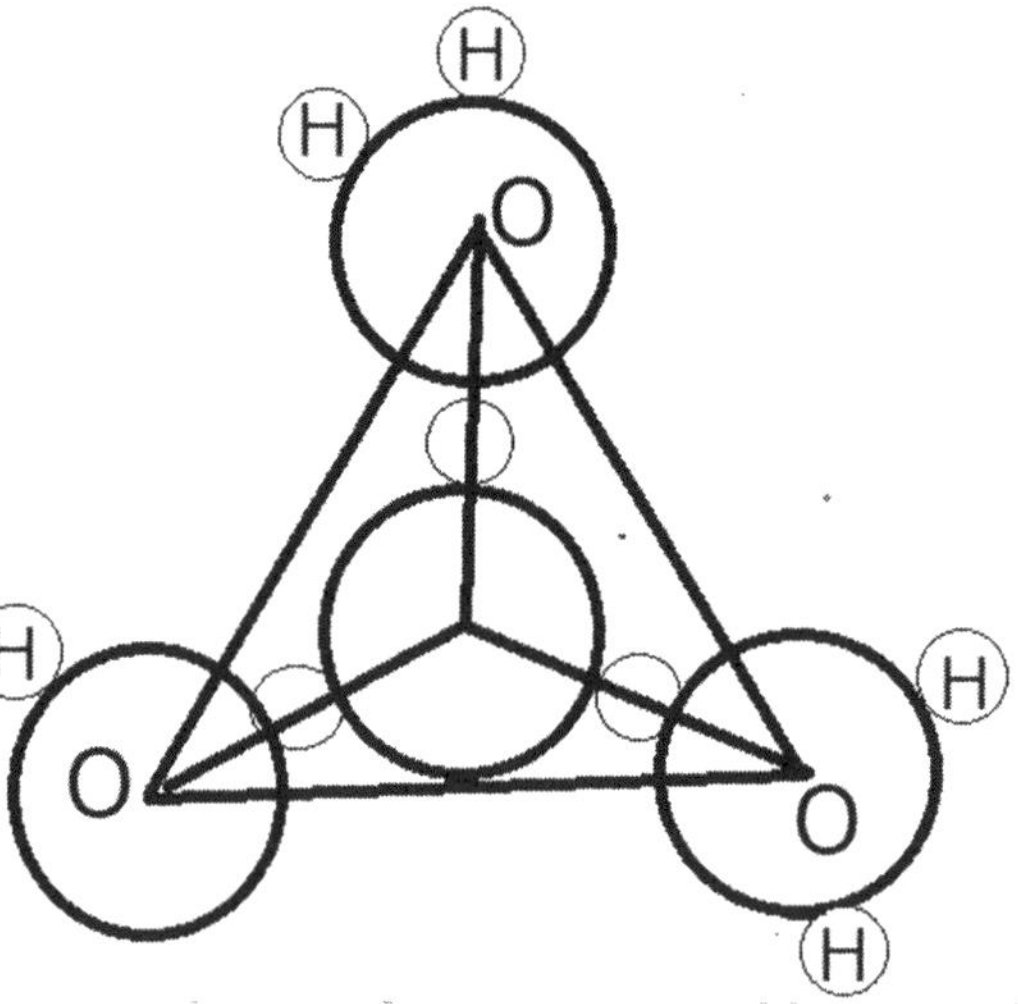


様々な雪の結晶（上図）。一見複雑に見えるが、それを構成する水分子（$H_2O$）は常に四面体の構造を保ちながらつながっていく（左図）。この三角形で形作られた四面体こそ、自然界で最も安定した構造となる。

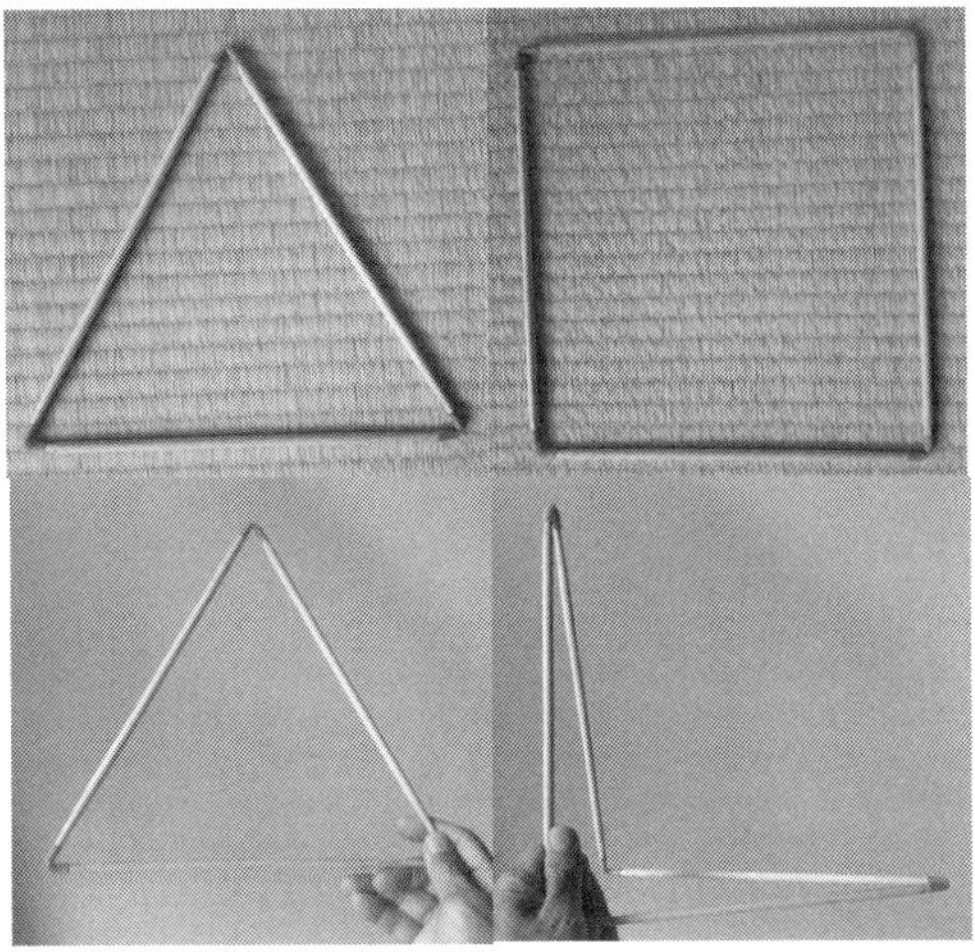

ゴムで繋いだ四辺からなる四角形は、手に持っては形を保つことができないが、三辺からなる三角形ならば、床に置いても、手に持っても形は保たれる。

子、即ち一個の酸素（O）原子に2個の水素（H）原子がやじろべえのように繋がって出来ています。それがまた隣の水の分子と繋がり、四つ繋がると正四面体になります。正四面体こそ自然の中で一番安定した構造です。

一般的には、サイコロのような真四角の形が基本になっているような気がしますが、四角形は人間が作り上げたもので、自然界の中にはほとんど存在していません。4本の同じ長さの棒を用意して、これをゴムで四角に繋いでみてください。形を保つことができるでしょうか。四角は、すぐに折れてしまい形を保つことはできません。畳の上に寝かさなければ四角になりません。

次に、一本棒を抜いて、三角形を作ってみてください。今度はしっかりと形が保てます。

このように、三角形は、それ自体の骨組みの構造で形を保てるのです。不安定な四角形も斜めに棒を入れて、二つの三角形にしてしまえば安定します。ハンマーで陶器のお皿を叩き割ってみると、欠片はほとんど三角形になり、真四角の欠片などは出てきません。自然界にはもともと真四角の形はあり得ないのです。自然界は、もっとも無駄のないシンプルな形を作ります。それが一番効率がよく、強い構造だからです。つまり三角形や四面体がもっともシンプルな形だという訳です。

## 5　骨の構造を保つことが相撲力を高める

人間の体も、筋肉と関節が骨と骨とを繋げていることで成り立っています。両足の置き方や幅、上体との位置関係によって、骨の繋がりが描く形は平面に近くなったり、四面体に近くなったりします。両足が揃うと、体を平面の板状、即ち四角にしてしまうから安定性が悪くなります。それゆえ、相撲では足が揃うのを戒めます。

腰、即ち丹田を頂点とし両足を前後左右にバランスよく開くと、下半身で四面体構造をつくることが出来ますから、押されても崩れない構えは骨格の構造だけでつくれるはずです。

足は２本しかないから三角形はつくれないような気がしますが、足先を外側に向け、逆ハの字

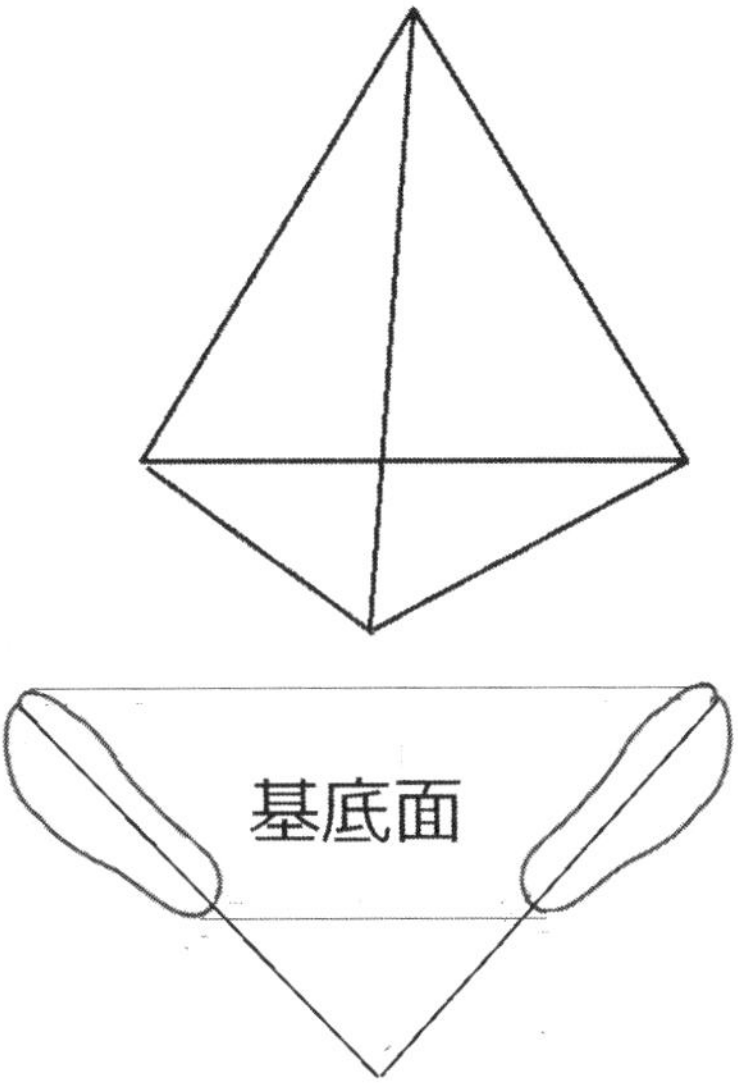


平面であれば三角形、空間においては四面体（三角形の集合体）が自然界における最もシンプルで無駄のない構造（形）となる。
これを人体に当てはめると、両足が揃うことは体を平面の板状にしてしまうため、安定性が悪くなる。そこでつま先を開いた逆八の字にすることで、両足の中心線を伸ばすと三角形とすることができる。常にこの三角形を意識し、保つことで二本足であっても三点で保持する「三角形」を作ることができる。

に保つことによって、両足がつくる面は台形になります。両足の中心線を後方に伸ばすとそれは三角形になりますので、常にその三角形を保つように足を動かしてさえいれば、2本の足で三角形をつくれることになります。

そして、その三角形の頂点に丹田を置くと、一番強い四面体の構造になります。それが腰を割るということなのです。そうすると、無闇に踏ん張ったり、こらえたりすることなく相手の力に対抗できるようになります。

筋肉を骨の四面体の構造を保つために使えば、少しの力で大きな効果を出せるはずです。

相撲力には、骨格の構造を保つ力が大きく関わっているということで、それが一番大きな割合を占めるように思われます。押しても引いて

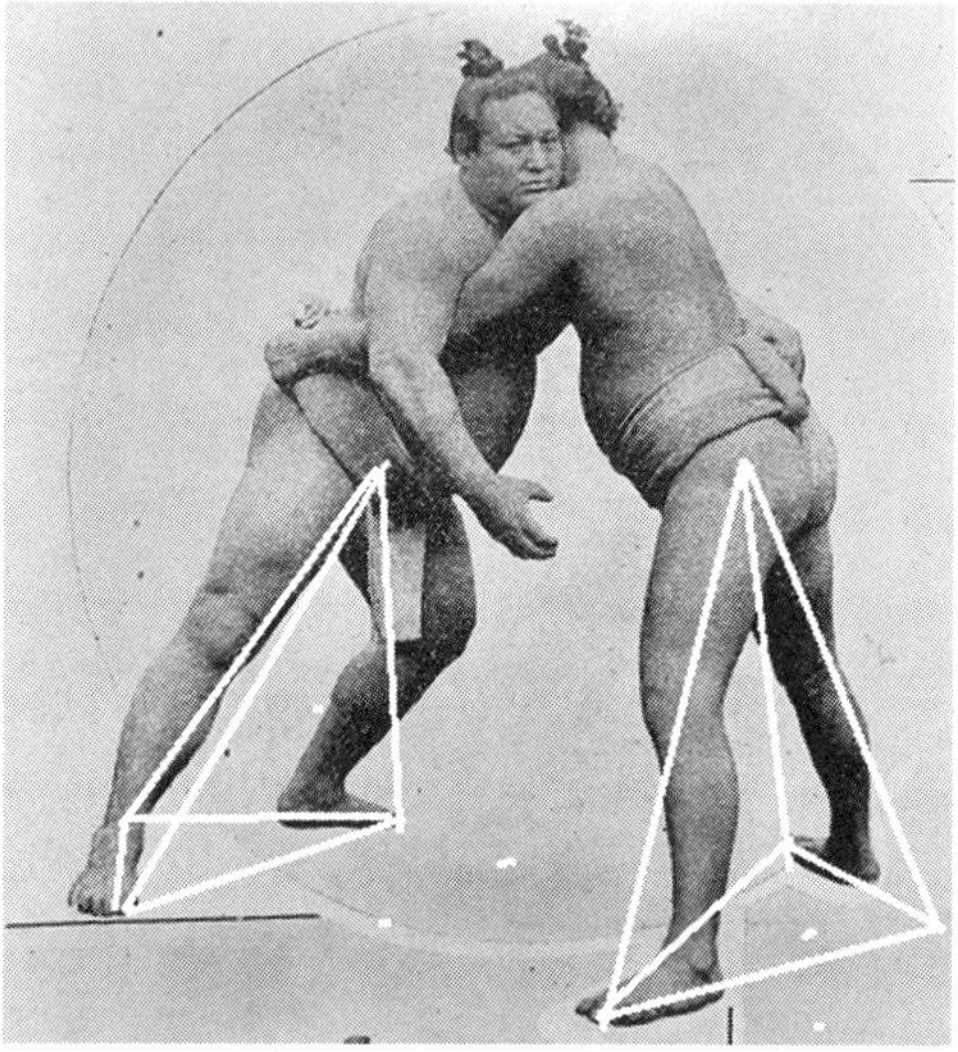

力士たちは腰を割ることで、丹田と足裏からなる四面体を下半身で作り、構造によって相手の勢いを受け止め、制している。ここに「相撲力」の一端を見ることができるだろう。

も体勢が崩れないと、押している方が疲れてきて、心が乱れ、構えに隙が出てきます。そこを攻め込めば楽に勝てるでしょう。

相手に攻めさせるだけ攻めさせておいてから勝負をつける。これこそ横綱相撲です。梅ケ谷は相手を吹っ飛ばすためではなく、骨格の構造を保つために筋力を使っていたから、殊更に目立つ体格や膂力がなくても9割5分の成績を残せたのでしょう。

## 6 余分なものを捨てることが自然の理を取り込むこと

相撲力に必要なのは、腕の力こぶや太腿の大きな筋肉ではなく、骨の位置を微調整する深層筋がより大切になってきます。骨の位置を微調整して骨格の構造を保つことが大切ですが、それは頭で考えて出来ることではありません。

相手からの圧力の大きさと方向を全身で感じ、それこそ指先まで神経を行き届かせて反応しないと間に合わないでしょう。ただ自然界はもっとも効率的な構造を取るように出来ていますから、自然の理に逆らわずに身体を動かせば、自ずから理に適った構造を取れるはずです。

それが即ち無になるということで、一番難しいことなのでしょう。四股やテッポウは、筋肉を鍛えて大きくするためではなく、心身共にいらないものを捨てるため、つまり力んだり余分な力を入れたりせず、自然の理を身体に取り込むために行うのではないでしょうか。

自然の理に則った構造をつくることが、相撲力に繋がります。邪魔なものを捨て去り、自然の理を身体中に取り込むために踏むのが四股ならば、それは動く座禅と云ってても差し支えないのでしょう。

## 7 浪曲や講談になった梅ケ谷

堅実で控えめな印象がある梅ケ谷ですが、「幸助餅」という浪曲や講談、芝居にもなっています。

大阪の大店の主《あるじ》「幸助」が梅ケ谷を贔屓にして散財し、破産してしまいました。いわゆるタニマチだった幸助はその後、女房や大家に諭されて心を入れ替え餅屋を始めることになり、元手となる50両を借金してきますが、その帰り道、江戸から大阪に戻ってきた梅ケ谷とバッタリ。昔の血が騒ぎ料亭で飲み食いした挙句、祝儀までやって50両を使い果たし、スッカラカンになってしまいます。それを聞いた大家が、梅ケ谷の元へ出向き事情を話し、祝儀を返してくれるように頼みますが、梅ケ谷はけんもほろろに断ります。

大家は怒って悪態をつき家に戻り、あちらこちらで金を工面してようやく開店にこぎつけます。すると開店日に梅ケ谷が弟子を大勢連れ、大八車にもち米やあずき、砂糖を山のように積み上げて、50両の祝儀まで持ってやってきました。驚く幸助と大家に梅ケ谷は、「あの時はご無礼致しました。貰った祝儀を返してしまいますと元の旦那に戻って贔屓の相撲にのめり込んでしまうと思いまして、心を鬼にして断ったのです」と打ち明けると、店先で化粧まわしを締めて四股を踏み、餅をついて開店を祝ったそうです。それが噂を呼び、店はたいへん繁盛したという人情噺です。

思わず泣けてくる話ですが、本人がまだ生きているうちに浪曲や講談になるのは珍しいことです。本人に尋ねると、「さあ、昔はのぼせた相撲好きな方がいましたね」と笑っていたそうですから、まんざら作り話でもなさそうです。それだけ人気と人望があったのでしょう。

# 第4章 初代梅ケ谷藤太郎の相撲力 その2

## 1 競技人口減少化が進む相撲界

少子化が大きな社会問題となって久しいわが国において、スポーツ界や武道界の競技人口も年々減少しています。人気スポーツの代表ともいえる高校野球でさえ単独チームで9人揃えられず、2〜4校での連合チームが各地の予選で少なからずみられるようになりました。少子化に加え、野球やサッカー、バスケットボール、バレーボール、卓球等、人気スポーツの多様化によって、元々競技人口の少ない武道系の中でも少数派である相撲は、厳しい競技人口減に晒され、その深刻さは年々増すばかりです。

ずいぶん前の数字ですが、アマチュア相撲の統括団体である日本相撲連盟の登録者数は、平成

10年に7684人だったのが、10年後の平成20年には4715人に半減しています。それからさらに10年以上経った現在は、ますます減少化が進んでいるのではないかと危惧されます。

競技人口の多さと、その種目の競技レベルの高さが必ずしも一致するわけではなく、競技人口が少なくとも少数精鋭の、世界レベルで活躍する例もあります。しかし一般的に相関性があることは否めないでしょう。

あるサイトによると、世界的な人気スポーツであるサッカー（競技人口約2.6億人）の競技人口が一番多い国はドイツで約1600万人、次がブラジルの約1300万人だそうです。ドイツとブラジルはそれぞれ、FIFAランキングの1位、2位ですから、競技人口とレベルが比例しているといえます。ドイツの全人口はおよそ8000万人ですから、競技者人口比率（競技者人口÷全人口）は20％にも上り、つまり5人に1人がサッカー協会に登録して競技していることになります。また、注目すべきは、FIFAランキングの上位10か国は、すべて競技者人口比率が6％を超えているということです（因みに日本は3・8％でFIFAランキング60位）。

現在は激減している相撲人口ですが、江戸、明治期は如何ほどだったのでしょうか。当時の相撲の競技人口を参考に、初代梅ケ谷の相撲力について、さらに探求を深めていきましょう。

## 2 江戸・明治期の相撲人口

初代梅ケ谷は、大阪相撲で大関になった後、東京相撲で前相撲から取り直して大関まで上り詰め、横綱免許も授かったという経歴を持ち、まさに日下開山（天下に並ぶものがいない強者という意味の横綱の別称）と呼ぶに相応しい力士です。初代梅ケ谷が横綱を授かった明治17年頃の日本の人口は、3700万人ほどで、初代梅ケ谷はその3700万人の頂点に立ったことになります。当時、実際に相撲を取っている人はどのくらいいたのでしょうか。

番付に名前が載らない前相撲の力士が100人や200人はいたそうですから、東京相撲だけでも500〜600人になるようです。梅ケ谷が大関を張った大阪相撲や京都相撲の他に、常陸山が脱走して身を置いた名古屋相撲もあれば、東北や北陸、九州等、全国各地に田舎相撲もありましたから、相撲を稼業とした者だけを勘定しても何千人どころか一万人近くいたのではないでしょうか。

自由民権運動の指導者として名高い板垣退助。自邸に相撲の道場を作り、相撲振興に努めた。

## 3 相撲は立身出世の手段

日本全国、お祭りには相撲が付き物で、相撲で勝つといろんな物がもらえましたから、多くの若者が稽古に励んでいました。高知も相撲が盛んで、板垣退助は自宅に相撲の道場までつくって力士を育てていました。〝新田の相撲部屋〟といい、元海山の友綱親方は、この新田の相撲部屋からの入門ですから、板垣伯爵の弟子のようなもので、力士になるのを嫌がっていた太刀山を説得して友綱部屋に入門させたのも板垣退助でした。

日本各地に、そういう大相撲予備軍のようなものがあり、江戸時代から村々の宮相撲は、大相撲の年寄との契約が各々あって、見込みのある者を大相撲へ送り込んでいたそうで、梅ケ谷が育った筑後の方でも、宮相撲や田舎相撲が盛んに行われていたようですから、日本全国で換算すると、ある程度本格的に相撲を取っていた人は、100〜200万人を下らないのでしょう。そうすると、男の10人に1人は相撲をやっていた計算になります。相撲は、身分や学力、財力に関係なく出世する手段でもありました。その厳しい出世競争の頂点に立ったのが初代梅ケ谷で、そう考えていくと、当時の横綱は何段階も上り詰めた、並外れて強い存在だと実感できます。江戸から明治初期にかけての日本人は、今の我々より足腰も強かったようですから、梅ケ谷は選りすぐりの横綱に違いありません。

## 4　あふ拍子、ちがふ拍子

梅ケ谷の「相撲力」について、相手の攻撃を受ける、即ち防御の面から考えてみましたが、攻撃面から物理的に考えてみたいと思います。

梅ケ谷は、突っ張りと左筈での寄りが得意でしたが、武蔵の五輪書に書かれている拍子という観点から考えてみましょう。

「地之巻」に「あふ拍子をしつて、ちがふ拍子をわきまへ、大小遅速の拍子のうちにも、あたる拍子をしり、間の拍子をしり、背く拍子をしる事、兵法の専也。此背く拍子、わきまへ得ずし

梅ヶ谷が得意とした突っ張り（上図）と左筈による寄り（下図）。共に昭和5年1月発行『角觝画談』（栗島狭衣・鰭崎英朋著　教學院書房刊）より。

ては、兵法確かならざる事也。兵法の戦に、其敵々の拍子をしり、敵の思ひよらざる拍子を持って、空の拍子をしり、知恵の拍子より発して勝所也」とあります。

拍子の大切さを繰り返して説いています。拍子を知り尽くし、時には相手の拍子をずらし、敵の思いもよらぬ拍子で勝てといっています。

さらに、「いづれの巻にも、拍子の事を専書記す也、其書付を吟味して、能々鍛錬有べきもの也」という言葉で締めていますから、武蔵が最も大切にしていた事なのでしょう。梅ケ谷は、その拍子を知り尽くしていたのではないでしょうか。

拍子という言葉には深い意味があります。「リズム」であり、「機」や「勢い」であり、「間」であり、「調子」であり、……そう考えていくと、

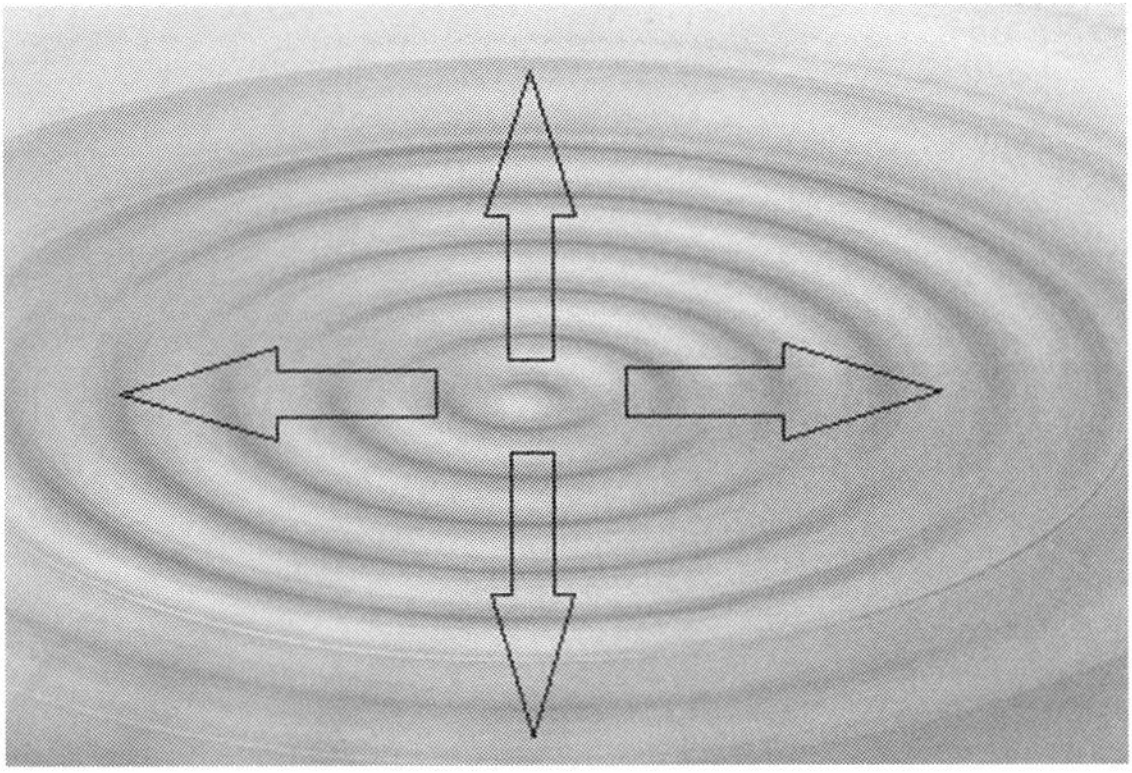

中心から全方向へと広がる波紋。「相撲力」とは、この「波」の性質に近似している。

物理学でいう「波」に似ています。

## 5 四方八方に広がって伝わる波

「波」は振動が伝わっていくことです。振動は熱となってエネルギーを生み、周囲に広げていきますから、宇宙の根本であり生命活動の源といっても差し支えありません。それゆえ、四股やテッポウにおいても振動させることが大切になってきます。

宇宙の根本である振動によって生じる波の作用が、あらゆることを起こします。例えば、熱を感じることは振動を感じることに他なりませんし、空気の振動が鼓膜を振動させることによって、我われはそれを音として認識し、また光の波長に目の焦点を合わせることで物を見ています。

すると、拍子も宇宙の根源といえるのではないでしょうか。

ただ拍子は、人によって感じ方に大いに差がありそうです。

武蔵も「吟味して、能々鍛錬有べきもの也」と記しています。

波には、伝わり方に大きな特徴があります。

当たり前の事に思えますが、波は中心から外に向かって四方八方に広がって伝わります。

# 6 力は一直線に伝わる

ニュートンの運動の法則から与えられる「力」はベクトルですから、大きさと方向を持っています。

腕の力や脚の力を使って相手を押したり投げたりするのは、この「力」の作用によるもので、元になる「支点」があって、「力点」となる筋肉を動かすことによって「作用点」に力が働きます。

それが、「テコの原理」です。

ただ人間の骨格筋は、そのほとんどが動きを大きくするのには向いていますが、力を発揮するのには不合理な「第3種のテコ」です。それで、全身をつなげ骨を使うのが「コツ」になります。

うまく「コツ」が使えたとしても、「作用点」から逃げられたとしたら、力が伝わらなくなってしまいます。

力は一直線上に働きますから、筋肉の動きによって発揮される力は、出所や方向が相手にわかりやすく、その分かわされやすくなります。

力をかわすのは、よほどの鍛錬と技量を要するのでしょうが、それを容易くやれてこそ、幕内力士です。しかし、その幕内力士さえ太刀打ちできないのが、梅ケ谷の相撲力なのです。

## 7 波であり拍子である「相撲力」

そして、「相撲力」こそが、「波」であると思われます。

「力」とは「大きさ」と「方向」を持ったものです。ところが「相撲力」は、腰や丹田を中心とした、実に漠然としたもので、重力や氣の力、相手の虚をつく力、逆に脱力すること、さらに骨格の構造や呼吸、内臓の位置も関係するなど、全心身にとどまらず、時空間をも含めた統合的な力で、説明し難く不思議な力です。

そして強い力士ほど、どこから力を出しているのかわからなくなってきて、力の伝わり方が「波」のようになってきます。

筋肉を使って出す力は一方向ですから、外されればそれまでです。しかし波は全方向ですから、あらゆる方向に合わせることができます。もともとこの宇宙には、「収束」と「発散」という二通りの方向しかありません。

宇宙には上も下も右も左もありません。四角を真っ直ぐ上に積み上げていく建物や水平方向に真直ぐ伸びていく道などは、人間が作り出したもので、宇宙本来の成り立ちにはない、不自然なものなのです。動物や人間が成長していくときには、風船が膨らむように全方向に大きくなっていきます。効率的にしか動かず、形を成さないのが自然なのです。

## 8 全身に発散し、腰に収束する

「相撲力」とは、武蔵が語る「拍子」と同じようなもので、「収束」と「発散」を波のように発揮する、自然に則った動きによるものだろうと思われます。波は重ね合わせることによって、大きくなったり打ち消し合ったりしますから、「あふ拍子をしつて、ちがふ拍子をわきまへ、あたる拍子をしり、背く拍子をしる」ことです。

梅ケ谷は、一直線に相手を押すのではなく、全方向に発散し、腰や丹田に収束させ、それを繰り返すことによって、突っ張りや左筈の寄りで相手を攻めているので、あれほど安定した強さを発揮できたのでしょう。

発散と収束の攻めとは俄には理解しがたいですが、前にも紹介した吊られた丸太に例えるとわかりやすいかもしれません。天井から吊られた120kgの丸太に重さをかけられている場合、その力は一方向ではなく、前後左右上下、すべての方向に働いています。これが全方向に発散しているということです。

重力で下向きに引っ張られながら上から吊られ、前に倒れながら後ろにも引っ張られ、左右にも同等の力が働いています。全方向に発散して（力が働いて）いますから、単につり合いが取れているのとは違って、相手に隙間なく圧力をかけながら相手の力の変化にも瞬時に合わせられるという訳です。大きな丸太が波のように押し寄せてくると、逃げ場はありません。

極端な例えになりますが、脚や腕の力で押す場合は、吊られてない丸太のように力が一方向で、相手に外されるとすぐ転んでしまい、簡単に逃げられます。

梅ケ谷は、腰を中心として全方向に重みをかけ、ある時は丹田に収め、「発散」と「収束」を適宜に用いていたから、攻防一体の相撲がとれたのでしょう。全身に行き届いた「発散」と柔軟で強力な「腰」への「収束」が、初代梅ケ谷藤太郎の画に表れています。

そして、四股やテッポウも「発散」と「収束」を体現するためのものということになるのでしょう。

前章では構造面から、力士たちの下半身が丹田と足裏からなる四面体の構造によって、相手の勢いを受け止めていることを示したが、本章では「出力」としての力の起点が腰（丹田）より発して全方向へ広がる「収束」と「発散」によって行われていることを示す。これは、ちょうど天井から吊り上げられている丸太棒（下の左図）と、ただ寄りかかっている丸太棒（下の右図）との違いを思い浮かべると理解しやすいかもしれない。単純に寄りかかっているだけの丸太棒はその「重さ」の出処も掴みやすく、支えることも、それを外して逃れることも容易い。しかし、吊られた丸太棒は拮抗した力の総和がこちらへ寄りかかっているため、その出力の出処も把握しづらく、変化しようとしてもすぐに対応されてしまうので、重さを外すこともできない。この「全体が双方向に張った状態」は、古流で言われる「浮身」や、中国武術でいう「掤勁（ポンケイ）」などに通じるものと思われ、武術的な身体使いとしてしばしば例示される。

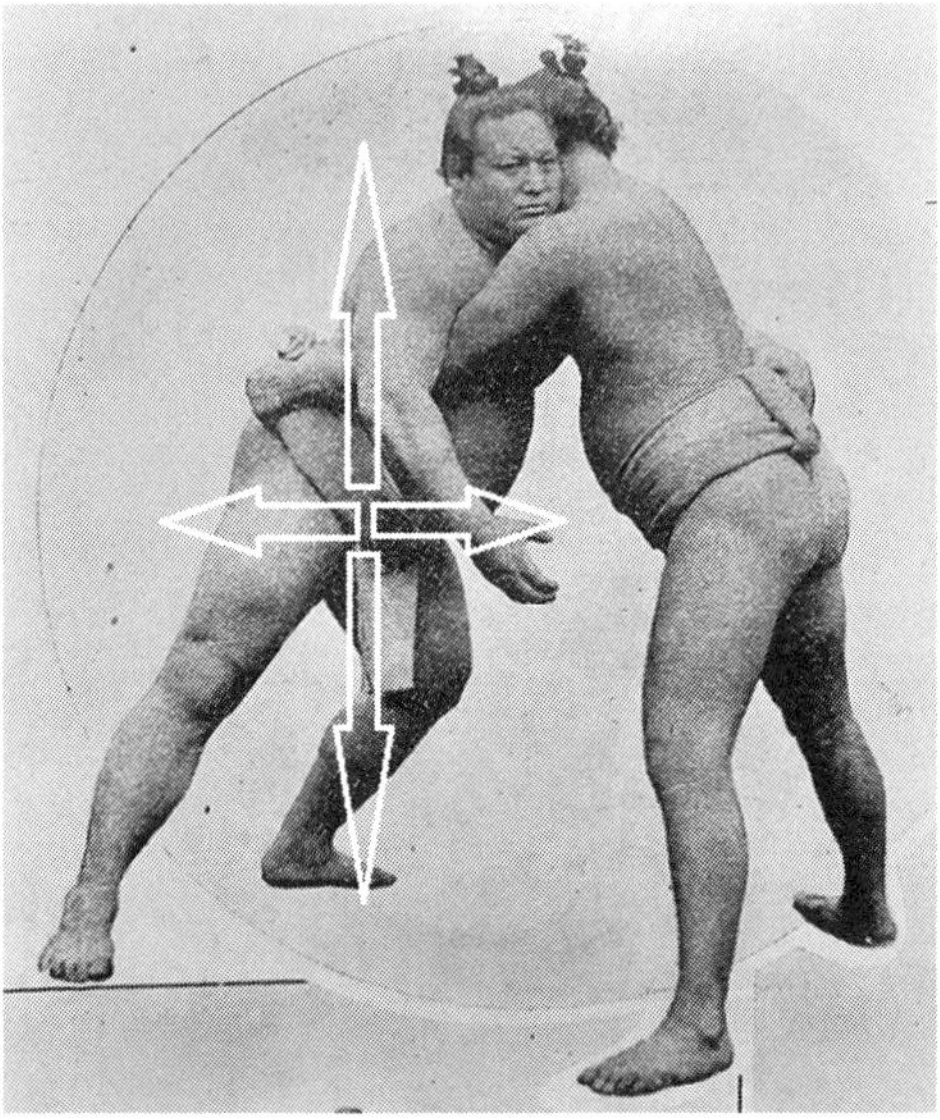

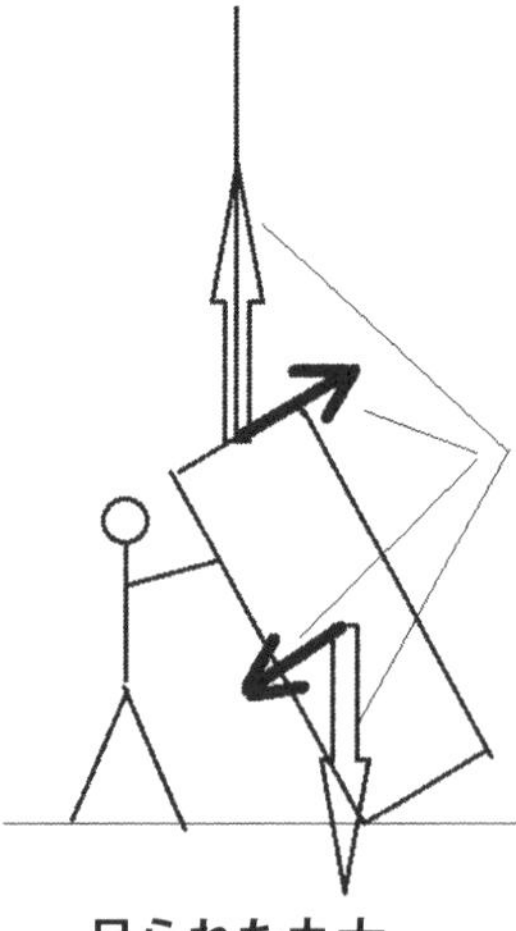

吊られた丸太

吊られていない丸太

# 第5章 双葉山の技① 上手投げ

## 1 腰で投げる上手投げは双葉山だけ

「双葉山といえば上手投げ、上手投げといえば双葉山」と称されるほど、双葉山の上手投げは当時から有名でした。入幕後の決まり手を見ても、上手投げは平幕から横綱時代まで、常に上位3位以内に入っています。（次頁表参照）

前述のように、双葉山は力士のストライキによる大量脱退事件となった春秋園事件で、昭和7年春場所に十両から繰り上げ入幕しました。前頭上位で奮戦しますが、横綱大関陣には全く歯が立たず、将来をさほど期待される力士ではありませんでした。表を見ると、平幕時代の決まり手はうっちゃりが多いことがわかります。真っ向勝負を挑むものの、体力的に劣るため前に攻める

表・双葉山の決まり手

| 7年春～10年夏 | | 11年春～12年夏 | | 13年春～20年夏 | |
|---|---|---|---|---|---|
| 新入幕～前頭筆頭 | | 前頭3枚目～大関 | | 横綱時代 | |
| (52勝42敗) | | (44勝2敗) | | (180勝24敗) | |
| 打棄り | 10 | 上手投げ | 9 | 寄り切り | 60 |
| 寄り倒し | 8 | 打棄り | 7 | 上手投げ | 29 |
| 上手投げ | 5 | 寄り切り | 5 | 寄り倒し | 24 |
| 下手投げ | 4 | 下手投げ | 5 | つり出し | 14 |
| 寄り切り | 3 | 寄り倒し | 4 | 押し出し | 10 |
| 押し出し | 3 | 浴びせ倒し | 3 | すくい投げ | 9 |
| 突き出し | 3 | 押し倒し | 2 | 突き出し | 6 |
| 首投げ | 3 | 突き出し | 2 | 下手投げ | 6 |
| | | すくい投げ | 2 | 突き落とし | 4 |

ことができず、逆に攻め込まれて土俵際のうっちゃりで勝ちを拾う相撲が多かったのです。

11年春場所7日目から負けることを忘れたかのように連勝していきますが、大関時代までの初めの2年間は、やはりうっちゃりで勝つことが多く、まだまだ発展途上であったことが窺えます。13年春の横綱昇進後は、心氣體の充実により前に出る攻めが相手を上回るようになり、寄り切り、上手投げ、寄り倒し等の決まり手が圧倒的に増えていきます。

相撲評論家の小坂秀二氏は、著書『わが回想の双葉山』に「上手投げで名のある人は大勢いるが、双葉山のように腰で投げたのは一人もいない」と記しています。「水もたまらず」と評されたその上手投げについて探求してみます。

## 2 平幕時代は攻め込まれてからの上手投げ

上手投げは、投げ技の中でも王道ともいえる技です。古今を通じ上手投げの名手は何人もいますが、双葉山も若い頃から得意技にしていました。新入幕の7年春場所の相撲からその上手投げを中心に見てみたいと思います。

新入幕の双葉山は20歳になったばかりで、清々しく溌溂としていて、女性にも人気がありました。立ち合い攻め込まれますが、右手を相手の首に巻いて左から上手投げを打ち、白星を上げます。双差しを許し攻め込まれて危なっかしく見えますが、足腰がしっかりして柔らかく、本人的には余裕があったのかも知れません。

次に1年後の8年1月場所初日の一番を見てみます。相手は、1年前の春秋園事件で脱退し、この場所から戻ってきたベテラン力士の鏡岩です。前頭上位の常連で、見るからに力が強そうな実力者です。

昭和10年頃の立浪部屋一同。前列左から3番目が双葉山（写真提供／穐吉家）。

突っ張り合いからすぐに組み合い、左四つになり、鏡岩が吊りに来ます。双葉山はこらえますが、目方が違い吊られてしまいます。しかし、土俵際で俵に足をかけて片足で残しながら右から上手投げを打ち、両者土俵下に落ちていきました。投げを打った分、体が上になっていて、軍配は双葉山に上がりました。

10年1月は新三役の場所、9日目大関清水川との対戦です。清水川は、前の場所、11戦全勝で優勝して、横綱挑戦の場所なのですが、巡業で脚を怪我して本調子ではないようです。清水川も細い力士ですが、この頃の双葉山に比べると肉付きがしっかりしていて、土俵態度に侠気が感じられます。

若い頃、放蕩三昧で本場所を無断欠場したり事件を起こしたりして破門になったのですが、父親が自害までして復帰を嘆願したので、それが許され、その覚悟が滲み出ています。これまでは双葉山が三連敗していて、今日が4回目の挑戦です。

突っ張り合いから、すぐにお互い得意の右四つに渡り合います。これまでは、右四つがっぷりから清水川の上手投げが決まっていたようで、今回も清水川が寄っていきます。双葉山は右から下手投げを打ち、清水川が外掛けで防ぐのを、双葉山、さらにしつこく下投げを打ちつづけ、一転、左から放った上手投げがものの見事に決まりました。双葉山の大関戦初勝利の決まり手は上手投げとなりました。

次に、69連勝が始まった11年1月場所5日目の土俵は、巨人力士男女ノ川が相手です。これまで5連敗していますが、毎場所善戦はしているようで、今回も双葉山が猛然と突っ張っていきます。

男女ノ川も負けじと応戦し、館内が一気に沸き、男女ノ川の強烈な突き放しに双葉山土俵際まで下がりますが、うまく左を差し、右をおっつけて寄っていきます。後がない男女ノ川、そうはさせじと左を差して寄り返し土俵中央まで戻ります。左四つは男女ノ川得意で、上手を離して双葉山の差し手を極めにかかり撓め出しにいきます。双葉山、後退しながらも、柔らかい足腰でしぶとく残し、右に回り込んで上手を引き、上手投げを打つと男女ノ川はたまらず手をついてしまいます。得意の上手投げで、清水川に続き、男女ノ川にも初めて勝ちました。この頃の上手投げは、ほとんどが攻め込まれて危ない体勢になってからの上手投げで、足腰の良さで残し相手が出

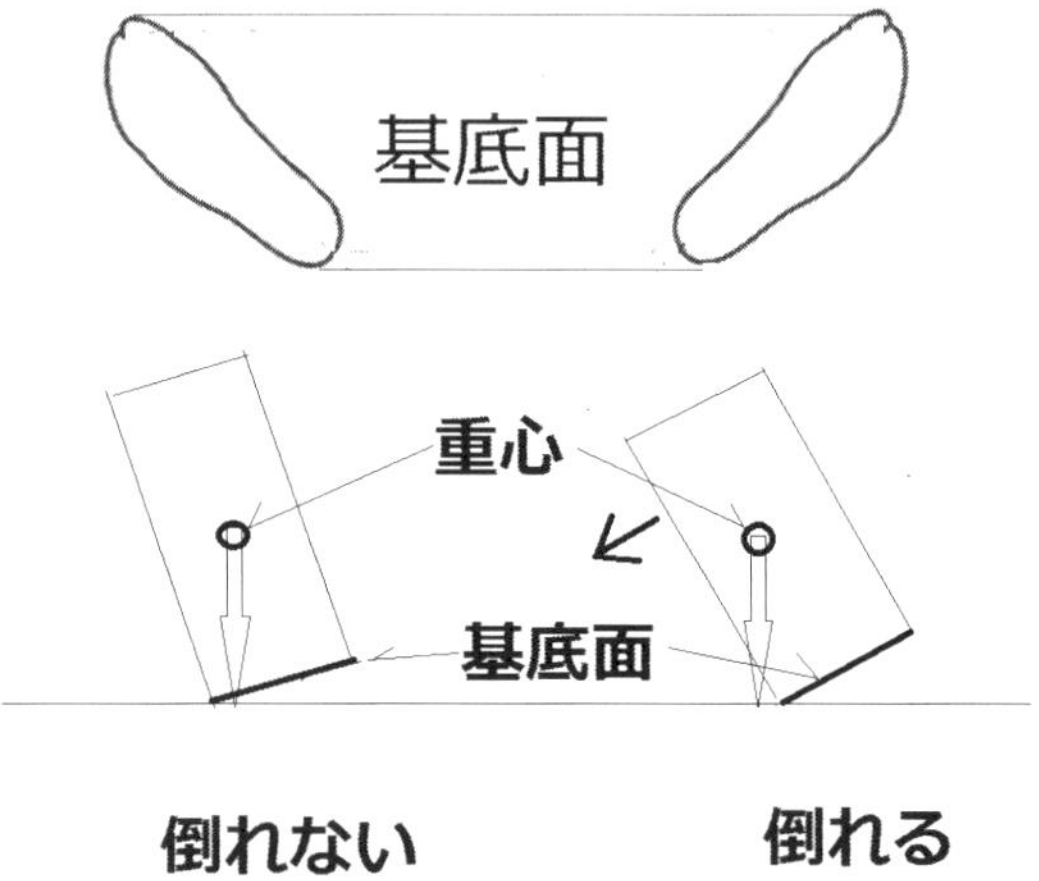


重心が基底面から外れると、直立している物体は倒れてしまう。

てくる力を利用した上手投げでした。

## 3　上手投げの力学

上手投げを力学的に分析してみましょう。まず、人間がどういう風に倒れるのかを考えてみますと、2本足で立つ人間は、足の裏という狭い範囲で重心を支えています。2つの足裏でつくる平面を「基底面」といいますが、その基底面から重心が外れると倒れてしまいます。それで、転びそうになったら足を前に出すのですが、足の出るのが間に合わなければ転ぶことになります。

上手投げの場合は、相手が出てくる力を利用し、タイミングを合わせて、相手の上体に対して上手から斜め方向に回転運動を与えますから、相手はその

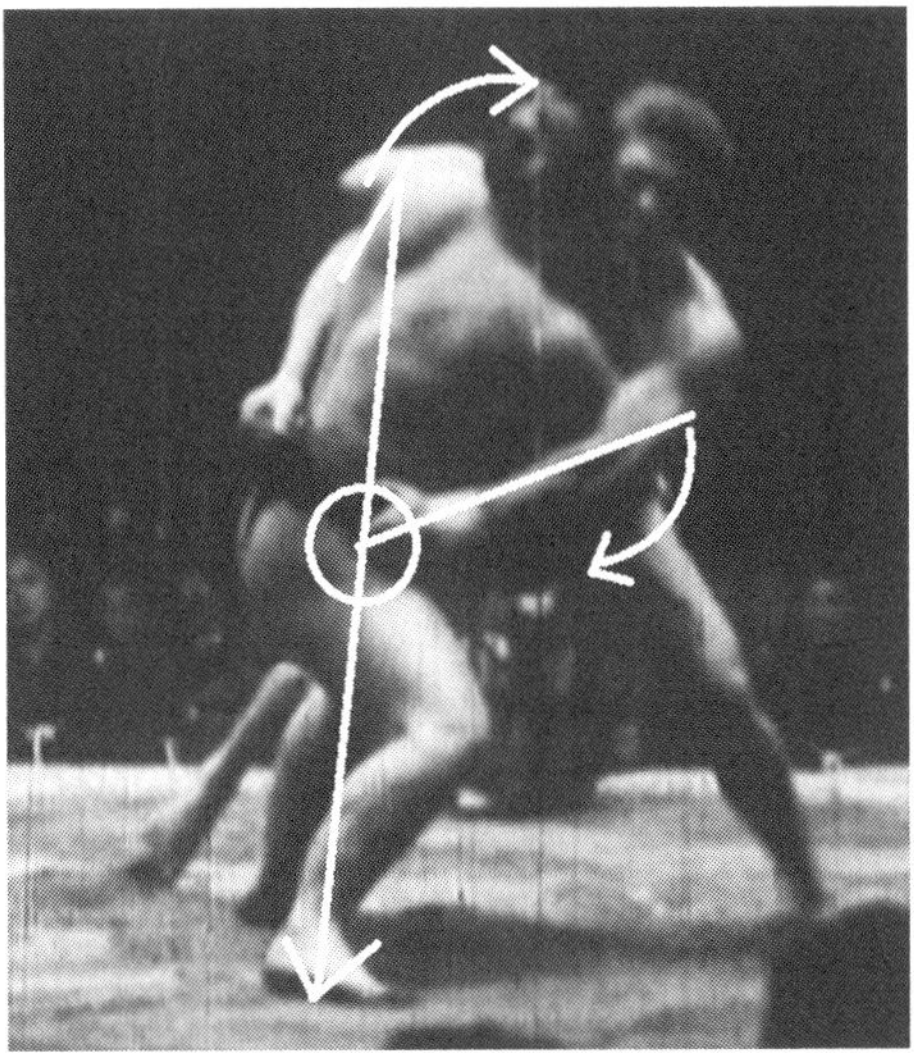

腰を中心として、左上手の腕の返しと右からの巻き込みで相手を横転させる双葉山の上手投げ（以下、日本相撲協会資料映像より）。

ために足がつっかい棒のようになって前に出せなくなり、体は大きく前に傾くので転んでしまうという理屈です。

相手が足を出す間がないほど、勢いよく投げることが大事になってきます。

勢いが足りないと、相手は余裕を持って足を前に送れますから、投げは決まりません。それに反対側の手の動きも大事になってきます。

左から上手投げを打つ場合の右手の使い方で、双葉山は若い頃、右手で相手の首を巻いて投げを打っていましたが、左手で相手の上体に回転を与えながら、右手で首を巻いて捻りを加えれば、回転の力は高まります。より強い回転の力が加わるから相手は残せなくなります。

さらに、體の開きも大切になってきます。左から上手投げを打つ場合、右足を半円を描くように大きく後ろに引いて體を開きます。そうすると、左腕と右腕で相手に与える回転力に體が開く力も加わるので、より回転力が高まります。上手投げは、腕の力に全身の動きが伴ってこそ見事に決まるのです。

## 4 横綱時代は攻め込んでからの上手投げ

次に、双葉山が横綱に上がってからの上手投げを見ていきましょう。まずは、13年1月場所、新横綱の場所の千秋楽で相手は玉錦です。

體が随分充実してきて腹回りも立派になりました。すぐ右四つに渡り合い、双葉山が引き付けて前に出ます。玉錦は少し元気がなく、双葉山が攻め込んで、左から上手投げを打つと、玉錦はひっくり返ってしまいます。

豪快に決まりましたが、左から投げを打つ前に、右の差し手からグイグイと玉錦の體を起こしていき、起こされまいとこらえる玉錦の力を利用して、豪快に投げています。

次に、15年1月場所の初日。太刀山の再来と期待された相模川という若手が相手で、激しく突っ張ってきます。双葉山も突っ張り返し、少し持て余し気味ですが、間合いは双葉山の間合いでし

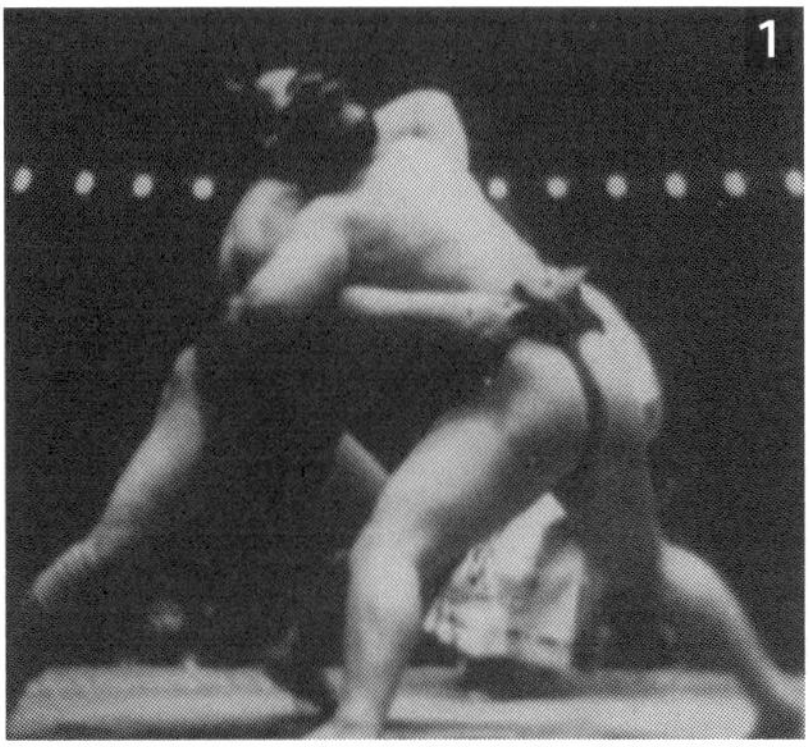

玉錦（左）を寄り立てる双葉山（右）。

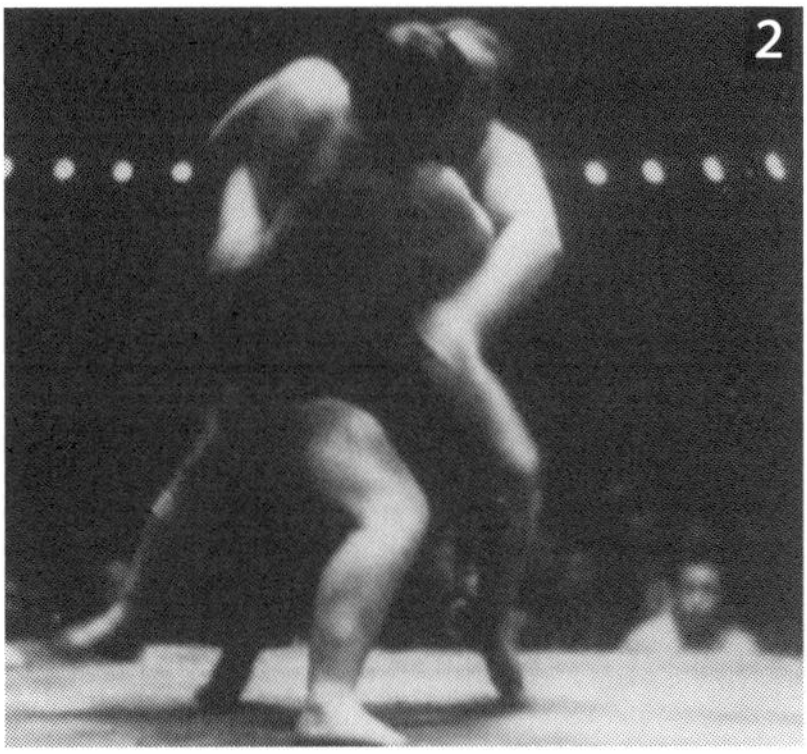

玉錦がこらえる所を左から上手投げへいく。

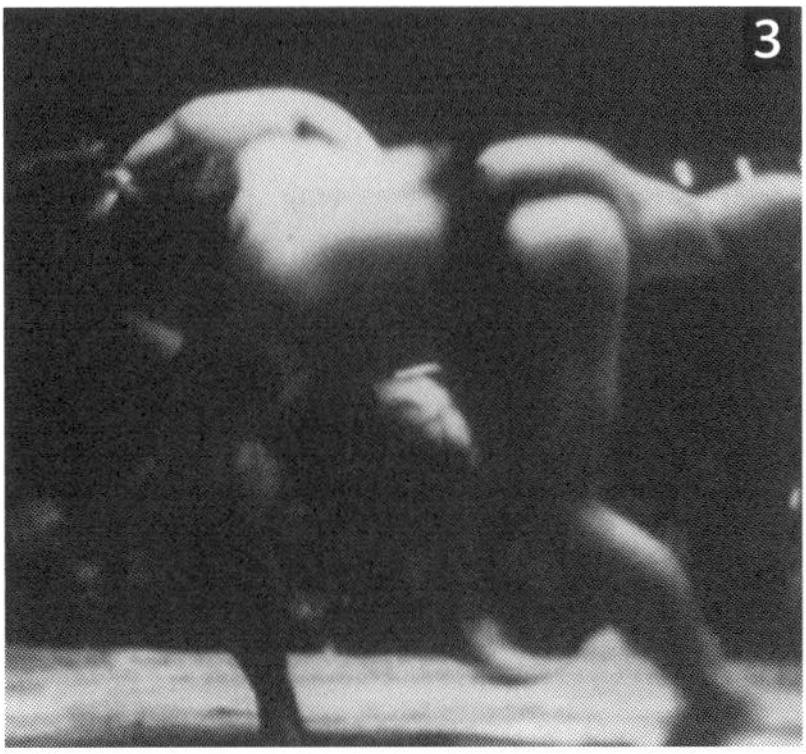

見事に上手投げを決める双葉山。

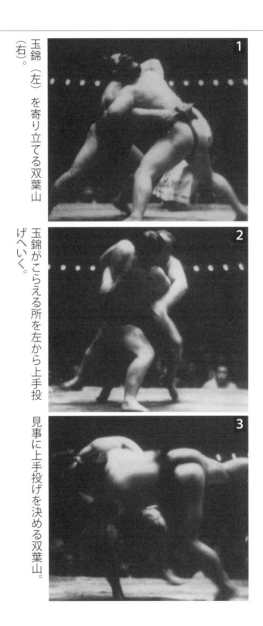

た。付かず離れずという具合で、突き放されることはなく危なげはありません。ついに掴まえた、と思ったら投げ捨てました。〝水もたまらず〟という上手投げで、瞬く間の勝負でした。以前までの投げとは明らかに違ってきています。

## 5 前触れのない上手投げ

69連勝が始まるまでの投げは、相手の出てくる力を利用する場合が多かったのですが、相模川戦の投げは、土俵中央で全く止まった状態から投げ捨てました。もう一度ゆっくり見てみましょう。

突っ張り合いから、右四つに組んだと思ったら、上体は動いてないのに、下半身だけが大きく動いていきます。相模川は、突然双葉山が消えてしまったように感じたのではないでしょうか。がっぷり四つに組み合っている相手が突然消えてしまうようなものですから動きについていけるはずがありません。

13年1月場所千秋楽の玉錦を投げた相撲に戻ってみましょう。

この時の上手投げも豪快に決まりましたが、上手投げを打つ前に攻め込んでいます。つまり上手を引き付け、がぶるように寄りたて、玉錦がこらえる所を間髪入れずに體を開き、右の差し手を巻き込みながら左の腕を返すように上手投げを打っていて、玉錦がこらえて前に出ようとする力を利用しています。

## 6 水を本とする上手投げとは

相模川の相撲にもう一度、戻ってみましょう。こちらは何の前触れもなく突然投げが始まっています。組み合っても上体がゆるんでいますから、相手もまだ何も始まらないと思って油断している感じです。相手あっての相撲ですから、相手が力を入れていないと、こちらも力を入れようがありません。

そこへ突然、下半身の回転運動が始まって、相手に「あれ、いなくなった」と思わせた瞬間に双葉山の全身がつながって、上手投げの体勢に入っています。

回転運動の中心になっているのは何処なのでしょう。

動き出しは、上手を持った左手のようですが、上体は動かさずに、まず左足を踏み込んで、右足を大きく引くことによって、中心になっている左手の回転力が高まります。物理学では「モー

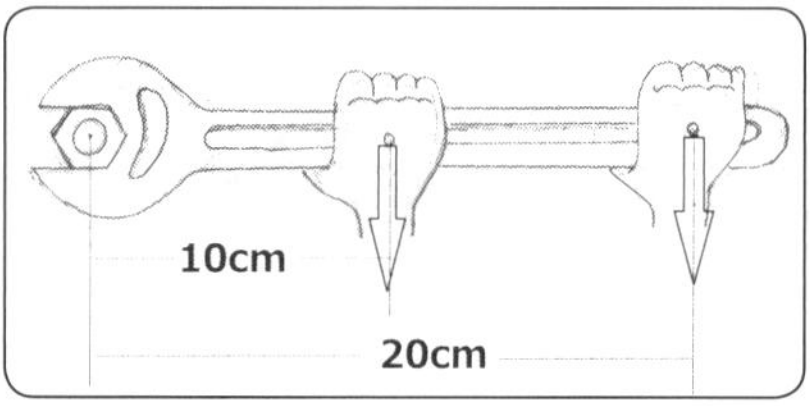


中心から10cmの所を持って回すよりも、20cmの所を持って回した方が回す力は強くなる。

## 対相模川戦における双葉山の上手投げ

①右四つがっぷり。②上体はそのままで下半身だけ動く双葉山。③右足を大きく引き回転運動が始まる。④腰を中心として、左の腕を返し、右の差し手から巻き込む。⑤左上手の腕を返し、相模川を横転させる。⑥足元に転がされる相模川。

双葉山は、上手を深く取り軸を長くすることで、回転力を高めている。

メント」と言いますが、回転の中心より離れたところで回した方が回転する力は強くなります。

スパナを回すときに中心から離れた場所を持って回した方が回転力が高まるのと同じ事です。

そして、右足を大きく引くと同時に、左腕を内側に捻ることが大事になってきます。腕《かいな》を返す動きですが、「差し手の腕を返せ」と同様、上手においても腕を返すことが大切になってきます。それによって腕と脚がつながり、體を長い梃子として使えるようになります。それゆえ双葉山は、割と深めの上手を取って投げるのでしょう。

腕力の強い力士は、引き付けを強くするために上手を浅く取るのですが、非力な双葉山は、上手を深く取ることによって肩甲骨も使って體全体をつなげ、相手を回す梃子を長くしているのでしょう。足を引いた時はすでに相手の體が浮き上がっていますし、引いた右足を土俵に着いた後は、腰が中心となって、上手の腕の返しと、右の差し手の巻き込みとで、相手を瞬く間に横転させてしまいます。

回転の中心が動くと、相手にとっては力の出処がわからなくなってしまうから、防ぎようがなくなります。そして気がついたら、双葉山の足元に転がされているのでしょう。まさに、水を本とする上手投げです。

# 第6章　双葉山の技②　うっちゃり

## 1　「うっちゃり双葉」と称された若い頃

前章でご紹介したように、若い頃の双葉山は〝うっちゃり〟で勝ちを拾うことが多く、〝うっちゃり双葉〟という、あまりありがたくない異名までもらっていました。新入幕の頃は、177cm、90kgほどで、当時としてもソップ型（やせ型）であったにも関わらず、立合いの変化や引き技は一切行わず、ひたすら真っ向勝負を挑んでいきました。それゆえ体力負けして攻め込まれ、それを柔軟な足腰で残し、うっちゃりに勝機を見出す相撲が多かったのです。

「捨てる」を意味する「打ち遣る」が語源のうっちゃりは、土俵際で相手を投げ捨てるように決める技です。相手に攻め込まれて剣が峰からの逆転技ですから推奨される取り口ではありません。しかし俵に足をかけた状態から相手を投げ捨て、両者がもつれるように土俵下に落ちていき、決まると豪快なだけに場内を大いに沸かせます。力士の大型化に伴い、昨今この豪快な技は激減しました。それでも稀に見られるうっちゃりに館内はやはり大いに盛り上がります。

前に「上手投げで名のある人は数多いが、腰で投げたのは双葉山ただ一人」という相撲評論家小坂秀二氏の言葉を紹介しました。私にはうっちゃりにも他の力士とは違う双葉山特有の極意があるように思えます。体のバネや背筋力を使う一般的なうっちゃりに対して、双葉山のそれは一種独特です。

## 2 上手投げを彷彿させるうっちゃり

双葉山のうっちゃりを若い頃から見てみましょう。

7年の3月場所は名古屋で開催され、千秋楽まで7勝2敗と好調で、相手もさほど大きくはないですが地力がある古賀ノ浦という幕内の実力者です。先場所は新大関の武蔵山を破る殊勲の星を上げています。

双葉山、突っ張っていきますが、前捌きの巧さに定評がある相手で、双差しになられ、じりじりと寄られて吊られました。しかし、俵に足をかけてしぶとく残し、うっちゃります。右手を首

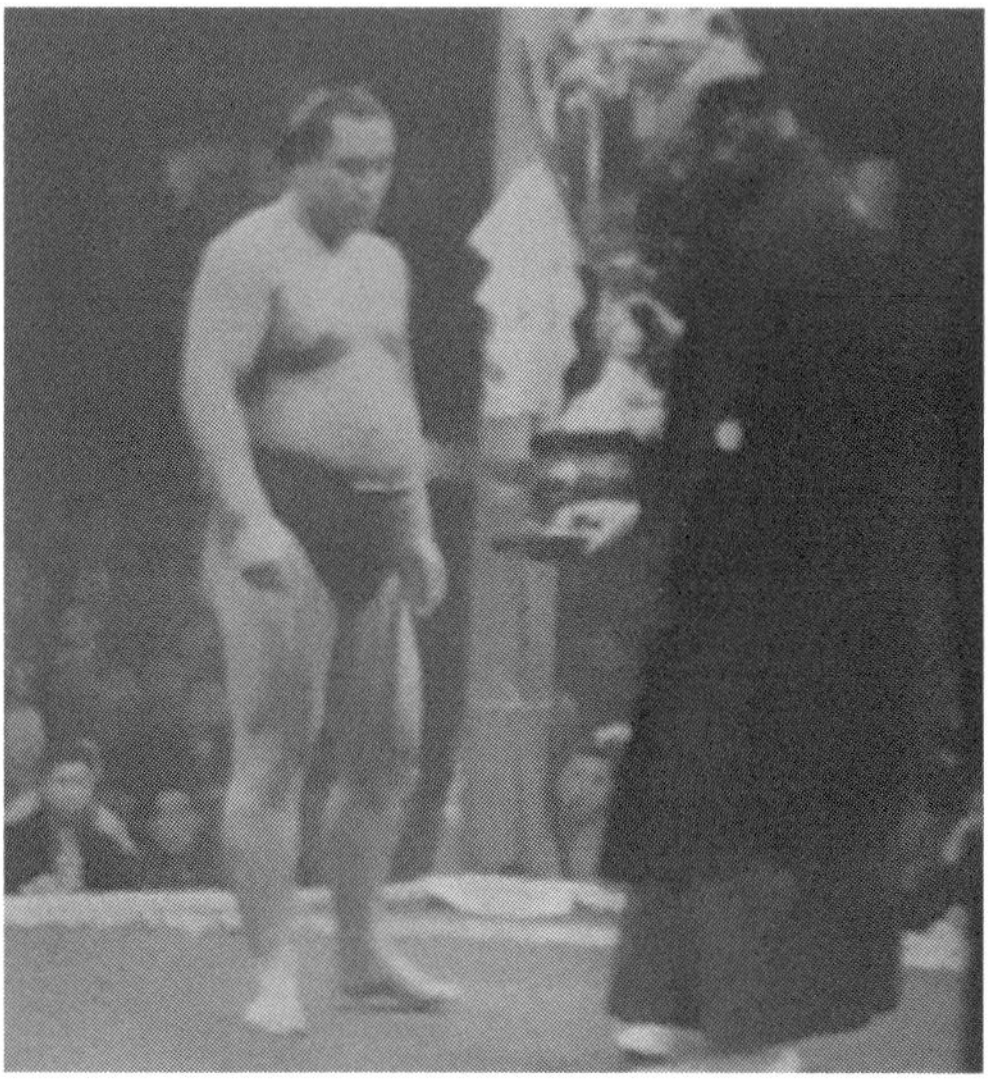

昭和11年の初優勝の頃の双葉山（写真提供／穐吉家）。

に巻いて、右にうっちゃりました。若い頃の上手投げを見るようでした。さらに少し飛んで初優勝した11年の夏場所にいってみましょう。

前の場所には前頭3枚目で9勝2敗の好成績を上げ、一気に関脇に昇進しています。今日まで7連勝ですから、好調が続いているようで、相手は、鏡岩というベテラン力士です。

34歳になるベテラン力士も今日まで7連勝と絶好調で、遅咲きですが大関昇進のかかる場所だけに渾身の気力が感じられます。東西関脇の全勝対決です。

立ち上がり、鏡岩が頭を下げて押しています。双差しを狙いますが、双葉山が巻き替えて右四つになります。鏡岩は、左上手から捻って寄っていくところ、双葉山が足を飛ばします。二枚蹴りです。

鏡岩の寄り足が止まり土俵中央に戻って、がっぷり右四つになり、双葉山がまた足を飛ばし、今度は蹴返しです。

鏡岩少しグラつきますが残し、今度は下手から捻ってきます。土俵中央に戻り鏡岩の腹は波打っています。長引くと苦しいベテランの鏡岩は、左足を飛ばし二枚蹴りにいき、双葉山の体勢が崩れます。

ここが勝負とばかり鏡岩が寄っていき、大きな腹で煽ってがぶり、万事休すと思われましたが、双葉山が右へうっちゃります。うっちゃりというより、後ろ向きの上手投げといえるようなうっちゃりでした。

## 3　肩甲骨で相手の差し手を抑え込む

もう一番。今度は、横綱昇進後の17年夏場所千秋楽で、相手は、69連勝を止めた因縁の安芸ノ海です。

あのとき前頭4枚目だった安芸ノ海はその後、ぐんぐん番付を上げて大関になりました。以来、

土俵中央、左を深く差す安芸ノ海の差し手を、肩甲骨で抑え込む双葉山（以下、日本相撲協会資料映像より）。

毎場所のように対戦していますが、その後は双葉山が5連勝、今日が7回目の対戦です。

双葉山としても二度と負けられないという覚悟を持って戦っている感じで、この場所双葉山は珍しく2敗を喫していますが、いずれも初顔合わせの力士に敗れています。一方、安芸ノ海は現在1敗で、この一番に勝つと初優勝が決まります。

安芸ノ海は是非とも勝ちたい一番で、二人とも淡々と仕切りを繰り返していきます。淡々と仕切っているだけに、嵐の前の静けさという感じで、なおさら凄みが感じられ、静寂のために緊張感がより一層高まっていきます。

立ち上がり、安芸ノ海はすぐさま頭をつけて向うづけの体勢になり、左を深く差して十分な体勢になります。立合いのうまさは安芸ノ海の真骨頂で、双葉山は例によって深い上手で結び目のあたりを取っています。

普通の力士だと、このような深い上手を取ったのでは力が入らないのでしょうが、双葉山の表情には余裕があり、いい体勢になっているはずの安芸ノ海の方が窮屈そうです。

深い上手の腕を返すことにより、肩甲骨が腕と繋がり、さらに腰や脚にも繋がっているようです。安芸ノ海の差した左腕が窮屈に見えるのは、双葉山が肩甲骨で上から抑え込んでいるからなのです。肩甲骨で安芸ノ海の左肩を抑え込み、上体の重みを預けてしまっています。

上体の重みを預けられてしまえば、どんなに体勢がよくても安芸ノ海は苦しくなってしまいます。

## 4 一瞬、上体の力を抜いて沈み込む

しばらくは膠着状態が続き、双葉山が右上手から捻りにいき、左の差し手からも起こしにいきます。安芸ノ海は、ここが勝機とばかりに寄っていき、腰を落として万全な寄りに見えます。

ところが、双葉山はうっちゃる前に一度沈み込みます。

上体の力を抜いて、腰を沈めますから、腰を落として寄っていく安芸ノ海が双葉山の腰の上に

①しばしの膠着状態から、万全に腰を落として寄る安芸ノ海（左）。②上体の力を抜いて沈み込む双葉山（右）。腰を落として寄っていた安芸ノ海も思わず双葉山の腰へ乗ってしまう。③すかさず右上手で引き上げ、左から掬い上げる双葉山。④最後に左膝を畳み込む双葉山。安芸ノ海は完全に浮いてしまう。

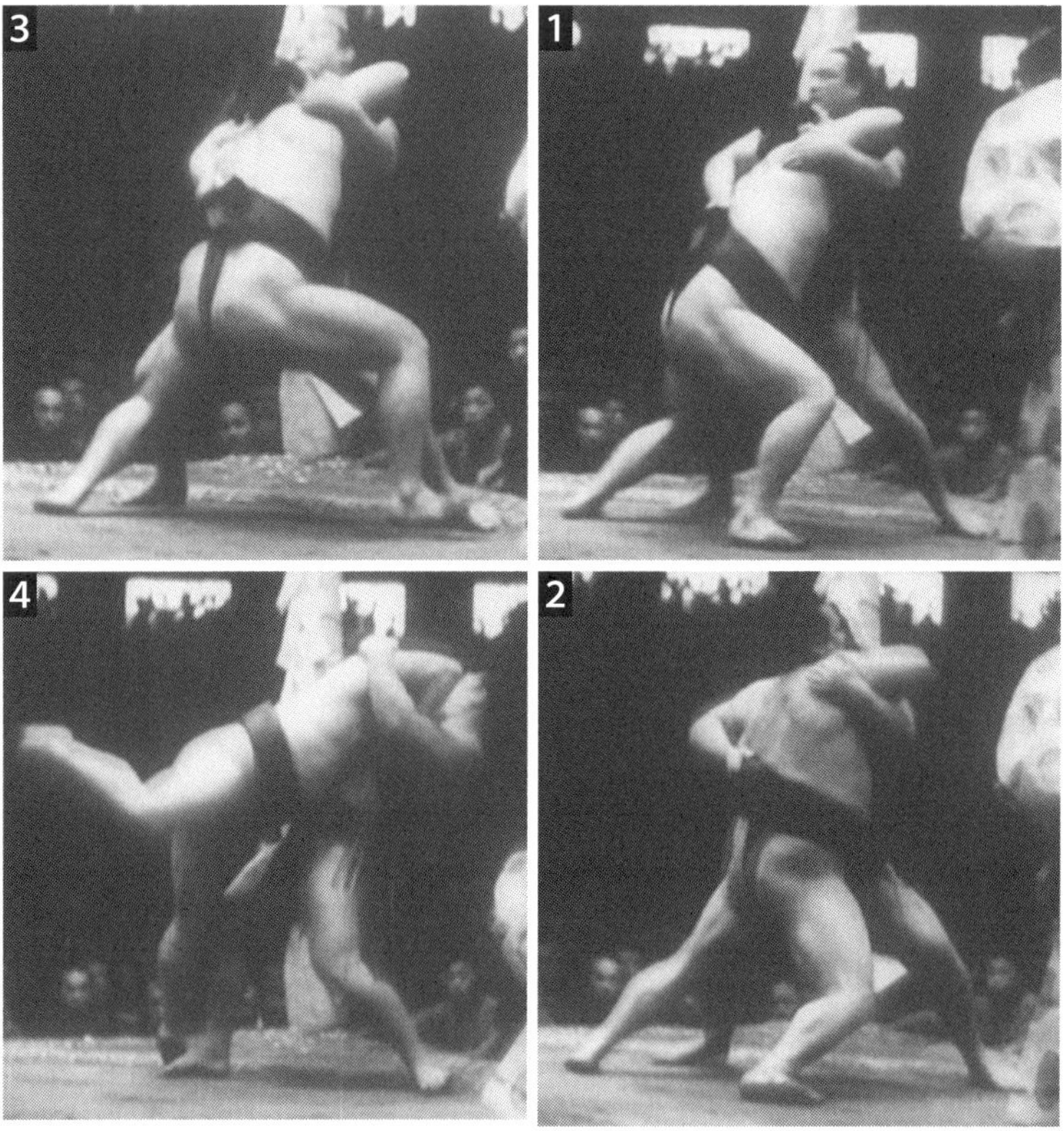

乗ってしまいます。

そこを上手から捻りながら引き上げ、左からもすくい上げていきます。

相模川に対する上手投げと同様に、一瞬消えるように沈み込みます。

上体の力を抜いて腰を沈めますから、腰を落として下から寄り立てている安芸ノ海にとっては、突然双葉山の上体が消えたように感じ、安芸ノ海は、双葉山に吸い込まれるように密着してしまいます。相手が突然消えてしまったように感じるから、思わず動きを止めてしまうのでしょう。

その時点で、双葉山の腰は安芸ノ海の腰の下に入り込んでいます。

腰が下に入れば、相手を持ち上げるのは容易いことです。

左からすくい上げながら體を反らせて、安芸ノ海を完全に持ち上げてしまっています。

## 5 自然界の力学に則った相撲

双葉山は内力と外力をうまく使い分けているように思われます。

例えばトロッコに乗った場合には、中から壁をいくら前に押してもトロッコは進みませんが、外から押せば簡単に進みます。トロッコの中で頑張って押すのが内力で、外から押す力が外力で

**内力と外力の関係**

トロッコを外から押せば（外力）進むが、トロッコの中でいくら壁などを押しても（内力）、トロッコは進まない。

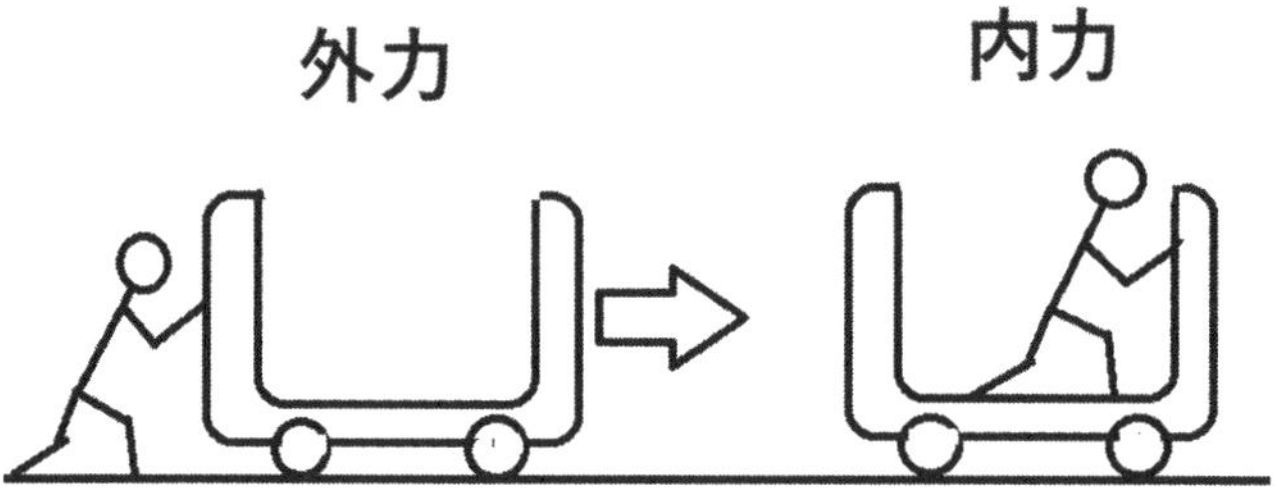


す。同じ力でも、内力は外には伝わりません。

四つに組んで力を出し合っている時は、お互いが繋がっていますから、一つの物体と見做すことができ、トロッコと中にいる人のようなものです。

しかし、トロッコと違ってどちらかに進んではいきます。土俵を蹴る力が外力になりますから、どちらの外力が強いかによって進んだり下がったりします。これに対してお互いの組み合っている力が内力といえます。相手を引き付けて重心を浮かせてしまえば、相手は踏ん張れなくなりますから、一方の外力が働かせやすくなるのでしょう。

安芸ノ海が下から煽って寄り進んでいるときには、お互いがマワシを引き合っていますから、一つの物体、これを物理学的には「系」と言いますが、そう見做すことができます。

双葉山と安芸ノ海の體が繋がっていますから、一つの塊

左膝を畳み込むと同時に、腰で横回転を加える双葉山。双葉山の腹の上で大きく振り回される安芸ノ海。双葉山の「相撲力」は體を力学的に使うことによって生み出される力だ。

として土俵際まで下がったわけです。ところが、一緒に動いていた双葉山の上体が、土俵際で突然消えてしまうのです。

それで安芸ノ海は急に動きを止めます。ただ、それまで下から上へ必死に寄り立てていますから、急には止まれず、双葉山の腰の上に乗ってしまったのでしょう。それまで内力で一緒に動いていたものが突然消えて、消えたと思ったら今度は外力として働いてくるようなものです。動いているものは動き続けるという慣性の法則です。腰に乗ってしまえば、持ち上げるのは容易いことです。

ところが、そこからさらに力学的な動きが見られます。

上体を消して、相手を腰に乗せるだけではなく、ここからさらに回転の方向を変えていくようです。

双葉山の左脚に注目すると、内側に畳み込んでいっています。左膝を内側に畳み込むことによって、それまで斜め後ろ方向に向かって反っていた双葉山の體が、横向きになって回転をはじめます。後ろに反ってくれると、足を掛けたり體を浴びせたりすることができますが、横に回転されたのでは、どうにも防ぎようがありません。

双葉山のうっちゃりがあれ程きれいに決まるのは、内力と外力を瞬時に使い分け、重力や慣性力、回転の向き等も駆使した力学的な動きが大きな要因だろうと思われます。

双葉山が得た相撲力というのはやはり、単なる筋力や膂力ではなく、體を力学的に使うことによって生み出される力なのです。あくまで自然に則っているから双葉山の相撲は美しく、まさに芸術品といえるのです。

# 第7章 双葉山の技③ 寄り

## 1 相撲が消極的だといわれた若い頃

若い頃の双葉山は、相撲が消極的だといわれることがありました。しかしそれは、力や体が伴わなかったために前に出ようとする気持ちはあっても出られなかっただけで、彼の相撲の本質はその頃から引退するまで一貫していました。若い頃は「うっちゃり双葉」と称されるほど決まり手にうっちゃりが目立ちましたが、番付が上がるにつれ、心氣體の充実と共に前に攻める力が相手を上回り、寄り切り、寄り倒しという決まり手が圧倒的に増えていきました。横綱昇進後には、寄り切りが全決まり手の3分の1にまで増え、寄り倒しを含めると勝ち星の半数近くを「寄り」が占めるようになります。

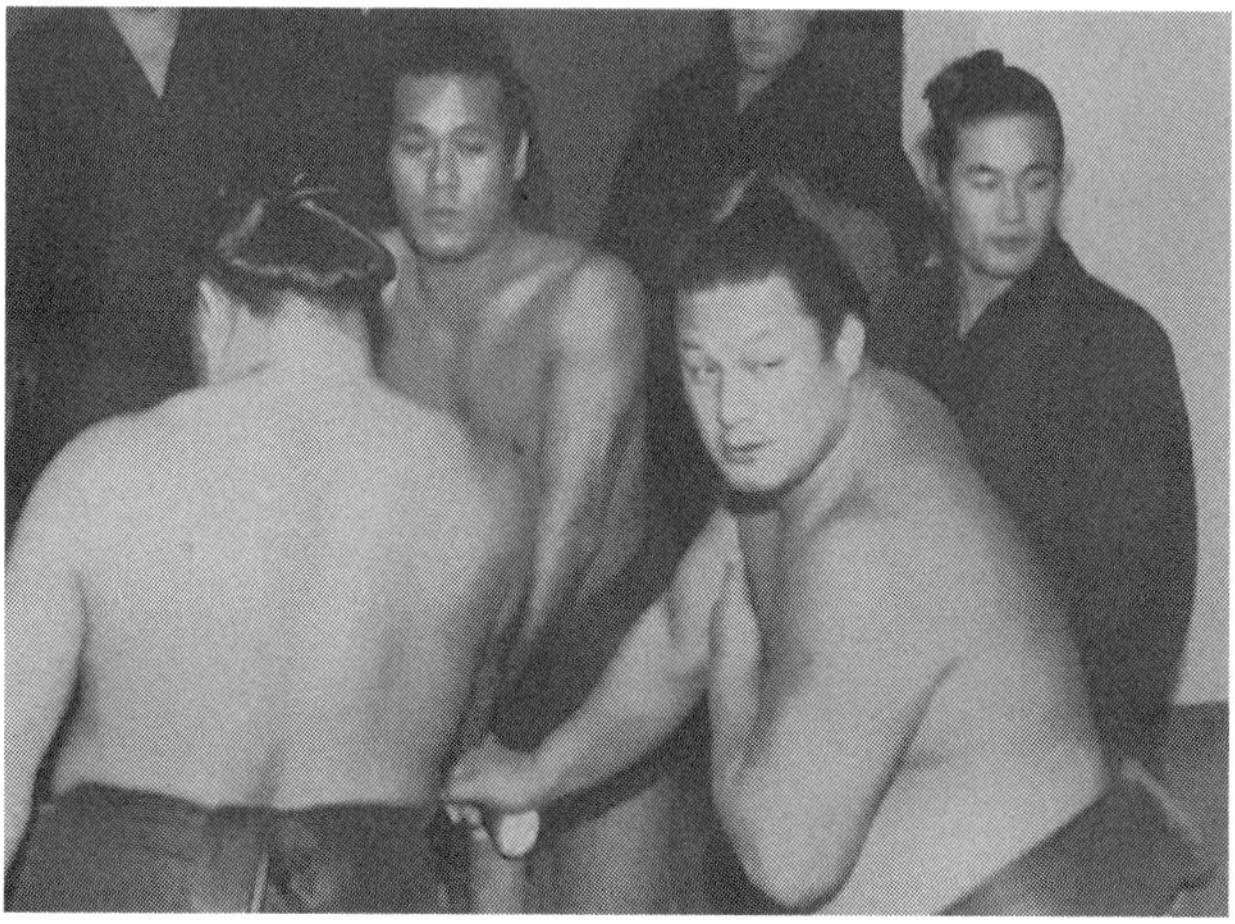

大関時代の双葉山（写真提供／穐吉家）。

「寄り」は、相手のマワシを引き付け、相手の重心を浮かせて前に出るのが一般的ですが、元来非力な双葉山はさほど引き付けることをしません。映像に残る双葉山の寄りを見てみると、相手の腰に自分の腰を密着させ体の重みを相手に預けるような寄り方が目につきます。前に進むのも、土俵を蹴るのではなく、相手の重心を崩し、重力を最大限に利用して、そこに乗りかかっていくように寄っていきます。土俵際まで寄り詰めると、マワシをパッと離して万歳するように両手をあげ、腹を突きつけて寄り切りますが、その姿はとても印象的です。

一般的な相撲のセオリーである、マワシを引き付ける、土俵を蹴って前に出るという方法を取らず、上半身をゆるませ相手に重みをかける双葉山の「寄り」について探求してみます。

## 2 真の相撲力が問われる「寄り」

「突き出し」や「上手投げ」のような華やかさや豪快さはありませんが、「寄り」は真の相撲力が問われる奥が深い技です。

双葉山の寄りについて若い頃から順を追って見ていきましょう。まずは、新入幕の7年春場所の2日目です。

この頃の双葉山は細いのですが、相手も細く双葉山より筋肉質で、瓊《たま》ノ浦《うら》といい、双葉山と同じく春秋園事件による特進力士です。もっとも、双葉山は十両からの特進ですが、瓊ノ浦は幕下から繰り上げになった力士です。

突っ張り合いから左四つになり、すかさず瓊ノ浦が足を飛ばして二枚蹴りにきます。休む間もなく、やぐらに振ってきます。双葉山の股の間に膝を入れて、吊り上げるように持ち上げる技です。双葉山は何とかこらえますが、また足を飛ばしてきて、今度は蹴返しにきます。

瓊ノ浦の目まぐるしい攻めを双葉山は落ち着いて捌き、ようやく上手を取ります。しっかり掴まえ、じりじりと寄っていき、俵伝いに逃げる瓊ノ浦に體を預け、うっちゃりにくるところを寄り倒します。

## 3　寄っていき土俵際で力を抜く

次に、12年春場所、初優勝の翌場所、新大関の場所の取組です。相手は玉ノ海といい、双葉山が稽古をつけてもらっている玉錦の弟子で、入門は双葉山より遅いのですが、年は同じで怪力で知られ、右でマワシを取ると無類の強さを発揮する力士です。後にNHKの解説者として高名な玉の海梅吉さんです。

両者立ち上がり、双葉山ののど輪攻めを玉ノ海は體を反らせながら左を差します。双葉山も右で上手を取り、玉ノ海の右と、双葉山の左が激しく攻防を繰り広げます。双葉山も、玉ノ海が右を取ると強いことをわかっていますから、右を嫌いますが、玉ノ海が得意の右をねじ込んで、双差しになりました。

玉ノ海が引き付けて出ようとしますが、双葉山の腰は崩れません。玉ノ海の方が力強くて攻め込んでいるように見えますが、双葉山の腰から下はほとんど崩れてなく、よく見ると足を細かく動かしています。足を細かく動かし、上體を柔らかく使うことで、不動の腰を保っているようです。

双葉山は両上手を引き、じりじりと體を寄せていきます。真綿で包み込むように相手の力を封じこめている感じで、玉ノ海は、力を出しようがない様子です。土俵際、玉ノ海も粘りますが、寄り倒されました。

寄り倒す時にも、フッと力を抜くようで、上手投げやうっちゃりの極意と同じです。

## 4 掴んでいるマワシを離して万歳する

17年夏場所初日は双葉山も30歳となり威風堂々という言葉が相応しくいよいよ円熟期を迎えています。相手は八方山《やかたやま》といい押し相撲得意の若手力士です。立ち上がり、激しく突っ張り、少し押し込んでいきます。

若手らしい元気のいい攻めを見せますが、掴まってしまい左四つになります。さほど出足が鋭くはない双葉山ですが、ここぞというときは怒涛のごとく勢いのある寄りを見せます。完全に腰を寄せ、八方山は左からすくってうっちゃろうとするところ、双葉山が万歳をします。双葉山に万歳されると、うっちゃろうとしていた八方山の方が、全くお手上げになってしまいます。

不思議な現象ですが、力学的に考えてみましょう。

マワシを持って寄っている時は、2人の體は繋がっていますから、一つの物体としての重心が動いていることになります。いわば、2人で一つの物体の動きになります。ところが、土俵際に来てマワシを離して万歳すると、別々の物体になります。さらに注目してほしいのが、万歳した後の動きです。

上體の力を抜いて沈み込んでいます。上體の力を抜くことで、地球の重力に引っ張られるように落ちていってます。万歳するから伸び上がっているように思えますが、反対に腰は下り、重心は下がっていくわけです。

双葉山は130kg余りの重さがありますが、仮にその半分の重さだとしても、落ちていくその重さの物を掴まえて後ろに投げ捨てる、即ち打っ棄ることは難しく、まさにお手上げになってしまいます。

土俵際、万歳をして上體の力を抜くことで、それと同様のことが起き、不思議なことに力を入れるよりも、力を抜いたほうが重くなるのです。

双葉山に対して果敢に突っ張る八方山（右）。

勢いに乗って双葉山を押し込む八方山。

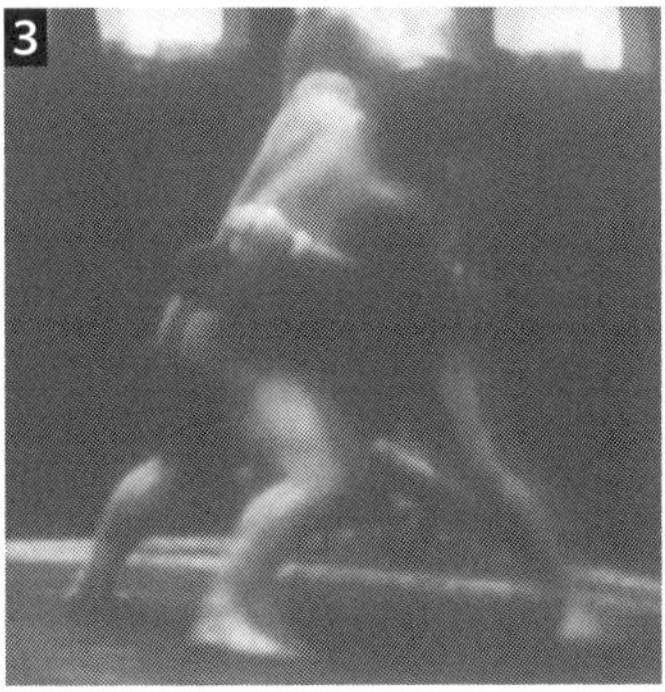

これを左四つに組み止めた双葉山が反撃を開始。

土俵際まで寄ったところで、両手をまわしから外して万歳の形となる双葉山（左）。

万歳のまま體を相手へ預ける双葉山。

万歳をしながらも、双葉山の腰はみるみる落ちていく。

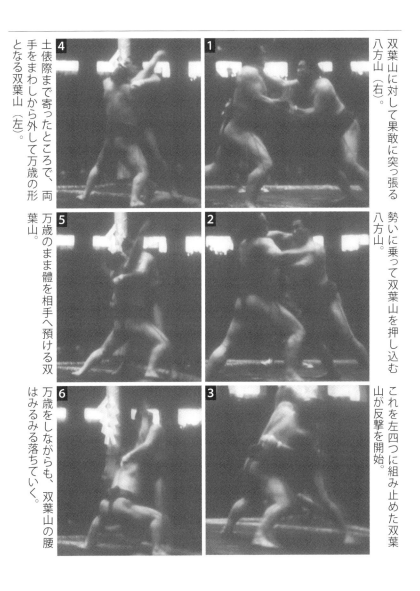

## 今回の外力と内力の関係

前章で説明した「外力と内力の関係性」が“トロッコを外から押せば（外力）進むが、トロッコの中でいくら壁などを押しても（内力）、トロッコは進まない”というものだった。今回の例では、互いに押し合う両者は、言わば“トロッコの内側で互いに押し合った状態”。ところが、一方が力を抜くことで、他方は突然、押し合っていた相手が目の前から消えたように感じる（そのため、支えを失くして体勢が崩れる＝弱い状態となる）一方、力を抜いた側は既にトロッコを外側から押している状態となるため、容易にトロッコを動かす（相手へ力を伝える）ことができるようになる。

前に紹介した内力と外力によると思われます。力を入れていると相手とつながり、一つの物体――物理学では「系」といいますが、「系」の中での力のやりとりになります。トロッコの中でトロッコを押すようなもので、いくら頑張って押してもトロッコは動きません。

壁を押す力と足で踏ん張る力が作用反作用で相殺してしまいますから動かないのです。ただ相撲の場合は、トロッコから足が外に出て土俵を押していますから、完全に閉じた系ではないのですが、両者が必死になって出す力は、さほど相手には伝わっていきません。

ところが、力を抜いた瞬間に別の物体になってしまいます。力を抜くと、抜いた方がトロッコから外に出てしまうため、抜かれた方にとっては今まで押し合っていた相手が突然いなくなるようなもので、力の伝えようがありません。一方、力を抜いた方は外からトロッコ押せるので、少し體を預けるだけで相手はコロコロと後ろに下がってしまいます。

力は不思議なものです。力そのものは、目には見えませんが、小さな力を大きな力に変えるコロやテコ等が活用され、古代から経験的には知られていました。それが客観的に数量化されるようになったのは、ガリレオやニュートンの実験や理論によってです。

## 5 相手が力を抜くとスルスルと土俵を割る双葉山

元三保ヶ関親方の大関増位山は相撲の性質《たち》が良く双葉山に目を掛けられ、よく稽古をつけてもらってました。二人が稽古する様子を覗いてみましょう。

増位山は当たりが強く、双葉山を押し込んでいきますが、土俵際、もう一息のところまで来ると投げ飛ばされてしまいます。稽古をつけている双葉山も生きのいい若手の当たりを受けることが心の底から嬉しいという表情で稽古をつけています。土俵際まで攻めさせておいて、俵に足がかかると自由自在です。突き落とし、上手投げ、すくい投げ、面白いように放り投げてます。

何十番と続けていると、増位山が双葉山を寄り切ります。というより、双葉山がスルスルと下がっていったようにも見えました。嬉しそうな笑顔で、「もういっちょう」と声をかけます。

再び増位山が寄っていくと、土俵際、また双葉山がスルスルと土俵を割ります。「この野郎、うまい相撲とりやがって」と嬉しそうに声をかけてます。何が起きたのでしょう。振り返ってみましょう。

増位山が押し込んで、土俵際でマワシを取り必死で寄り切ろうとしていますが、軽く投げ飛ばされます。

次も同じような展開ですが、増位山が土俵際でフッと力を抜くと、スルスルと土俵を割った双葉山は「おう、お前強いなぁ」と喜んでます。

一体、どういうことが起きているのでしょう。

## 6　力学の妙を心得た相撲

力とは何かと問うていくと、結局は相互作用に行き着きます。押したら同じ力で押し返される、引いたら同じ力で引っ張られる。力は、常に対になって現れます。全く不思議なものですが、それが作用反作用の法則というものです。

翻って考えてみると、反作用が起きない所では力（作用）を出しようがありません。双葉山がフッと力を抜くと、相手は力を出しようがなくなるのです。

暖簾に腕押しという訳です。

反作用のある壁は力を入れて押す（作用）ことができますが、壁が突然「暖簾」に変わってしまったら、どうなるでしょう。おっとっとと、思わず体勢を崩してしまいます。

相手はつっかい棒を外されてしまったように力の行き場を失います。実際双葉山が消えるわけではないのですが、意識の奥の方で消えてしまったような感覚に陥り、何が起きたのかわからないうちに気がついたら放り投げられているのです。

双葉山がスルスルと下がったのも同じ理屈です。この場合は、増位山の方が先にトロッコの外に出てしまったので、双葉山は相手の力を利用できずに、トロッコの外から増位山が押してくる力をそのまま受けるしか仕様がなくなって、「うまい相撲とりやがって」という言葉になったのでしょう。

力学の妙といえるのではないでしょうか。相手を叩きつけてやろうとか、技を駆使して投げようとかいう、一切の自我や執着から解き放たれた、自然の理に則って體を動かしているから、見る者に感動を与えるのでしょう。

# 第8章　双葉山の技④　がぶり寄り

## 1　がぶり寄りを多用した双葉山

體《たい》を上下にゆすり煽《あお》るようにして前に出る技を〝がぶり寄り〟といいます。最近では大関琴奨菊、ひと昔前だと大関琴風や関脇荒勢ががぶり寄りを得意としました。三者の体型を見てわかるように、あまり身長には恵まれないものの大きな腹を有し、どちらかというとアンコ型（肥満型）の力士が得意とする技です。がぶることで相手の重心を浮き上がらせ、自分の大きな腹を相手のマワシの下に入れて寄っていきますから、土俵際のうっちゃりも食いにくくなります。

相手を引き付けず土俵を蹴らない双葉山の寄り方を紹介しましたが、その双葉山が寄るときにはがぶる場面が多く見られます。非力だった双葉山にとって、相手を引き付ける腕力や土俵を蹴っ

昭和15年、名古屋の宿舎にて（写真提供／穐吉家）。

て進む脚力に頼ることなく前に出る方法が、がぶり寄りだったのでしょう。

映像に残る双葉山の相撲を詳しく見ると、通常の寄りのように相手を引き付けることによって重心を浮かせるのではなく、自分の重心を浮かせたり沈めたりしながら相手の腰に密着していきます。ときに、両足が土俵から離れる瞬間もあるほど浮き上がって見える場面もあり、それは現代のすり足のセオリーではあり得ない足の使い方ですが、飛び跳ねる軽さではなく、上から吊られているような、重力を最大限に利用した動きです。身体を波のように揺らすことで、相手の重心を浮かせる一方、自分の重心をどんどん沈み込ませ、相手を土俵際まで寄り詰めるのです。

双葉山が多用したがぶり寄りについて、力学的に考察してみましょう。

## 2 玉錦を相手に力漲るがぶり寄り

がぶり寄りは、體を波のように使う寄り方で、非力な双葉山は力に頼らず相手を寄り立てるために用いた技なのでしょう。そのがぶり寄りに注目して、双葉山の相撲を振り返ってみたいと思います。まずは13年夏場所千秋楽の玉錦との一番です。

横綱に上がってすぐの頃ですが、この後、玉錦は盲腸で亡くなってしまうので、これが玉錦との最後の一番になります。双葉山は連勝を続けていて、玉錦は千秋楽まで二敗はしていますが、決して調子は悪くないようです。

両者立ち上がり、双葉は踏み込んで右を差し、グイグイと出ていきます。がぶっていますが、體を上下させて腰を落とし右の腕を突きつけていますから、波というよりも力を感じさせるがぶり寄りです。土俵際まで押し込んで上手投げにいきますが、いささか強引で、玉錦は右の外掛けで防ぎ、土俵の中央に戻りました。

上手が欲しい玉錦に、双葉山はうまく差し手を返して取らせません。一方の玉錦も元気で、双

玉錦相手に差し手を返して、がぶる双葉山（左。以下、相撲協会資料映像より）。

そのまま腕をつきつけて寄り倒す双葉山。

葉山も攻め切れなく両者とも動けなくなり水が入ります。再開後、上手をとって早く攻めたい玉錦は、左をおっつけて出てマワシを探りにいきますが双葉山は腰を引いて取らせません。今度は双葉がしかけます。差し手を返して、がぶります。玉錦はアゴが上がって上體が浮き上がってしまい、双葉山が全身の力を込めて、右の腕を返し、腰を突きつけます！

　玉錦は左を抱えて粘りますが、寄り倒されてしまいます。腰を上下にゆすってはいますが、波というよりむしろ往復運動的な、力を漲らしたがぶり寄りでした。最後は腕を突きつけて、浴びせ倒すようにのしかかっていきました。

## 3 全身を固めて相手を揺さぶる

次は15年夏場所の12日目で、相撲巧者で曲者の綾昇が相手です。今場所は小結ですが、一年前には関脇を張ったことのある実力者で、所属する出羽海部屋では、次の大関候補と期待されていました。

立合い左に変わって注文をつけてきますが、双葉山動じずによく見てます。突っ張り合いは、突き出すというよりも探り合っているような突っ張りで、綾昇は中に入りますが、すぐまた動いてきます。

双葉は慌てず右四つに組み止め、すぐさまがぶり寄りを見せます。

左上手を離して腕を突き付けたら、綾昇は吹っ飛んでしまいました。まさに怒涛の寄りでした。前に見た八方山との相撲も腕を万歳したのは同じなのですが、何か少し違う感じがします。

さっきの玉錦を寄り倒したがぶり寄りや、この綾昇の相撲は、全身を固めて相手を揺さぶるような、固体の振動ようなカによる相撲にみえました。

# 4 上体をゆるめた波的ながぶり寄り

それが17〜18年頃には、波的な、物理学的に言うと流体的な振動になるように思われます。再度、八方山戦と照国戦を見てみましょう。まずは17年夏場所初日の八方山戦です。今度は時間をゆっくり進めて、じっくり見てみましょう。

立合い突っ張られて、少し攻め込まれますが、ここで左四つに組み止め、がぶります。両足が土俵から離れることもあり、万歳しながらがぶっています。最後は體をずいぶん反らせています。

これまでは體をある程度固めて、上下の振動で相手を攻め込んでいましたが、そこに前後の振動も加わっているようで、上半身も柔らかくゆるんでいるように見えます。

18年夏場所の照国戦も、再び見てみましょう。

突っ張り合って、……照国が左を差し勝って寄っていきます。

双葉山は、右上手を取って投げにいき、照国が左の外掛けで残しますが、体勢が入れ替わり、照国の両足は俵にかかって後がなくなります。

ここから双葉山は一旦、ずいぶんと腰を引き、腰を前後に大きく揺り動かします。そして、最

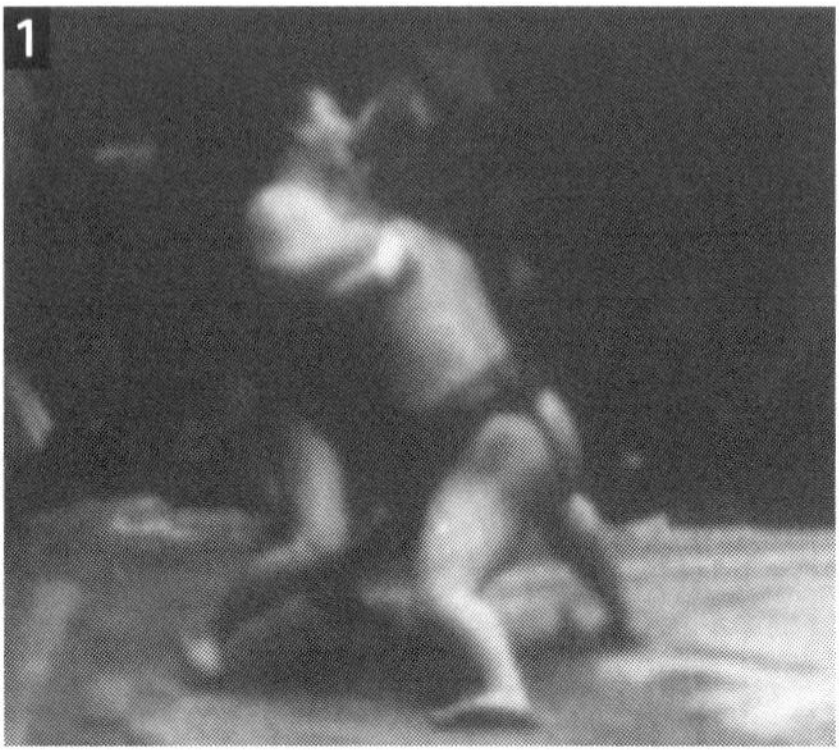

綾昇相手にがぶる双葉山（右）。

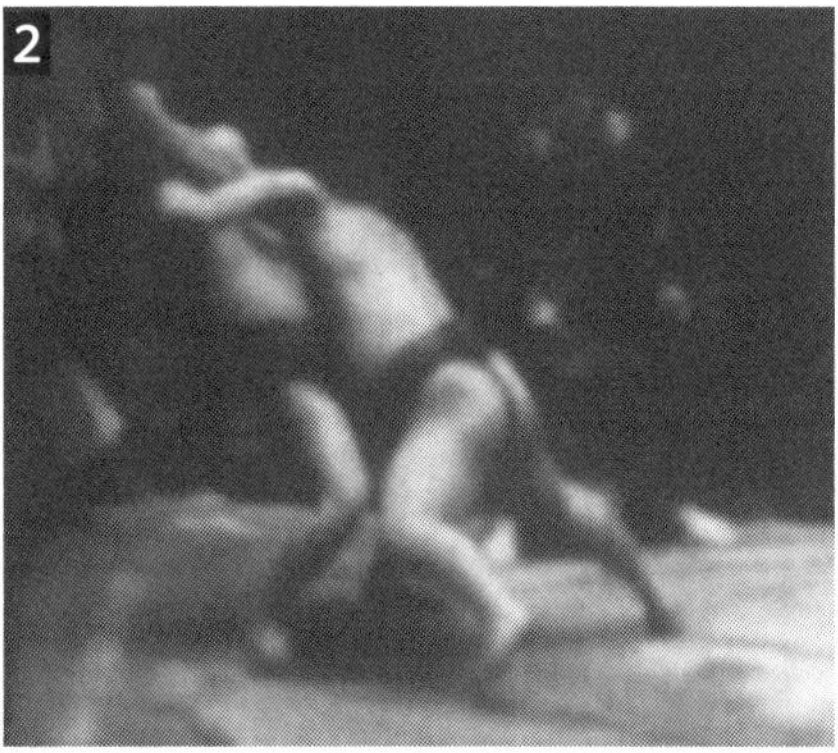

左上手を突き付けてがぶる双葉山。

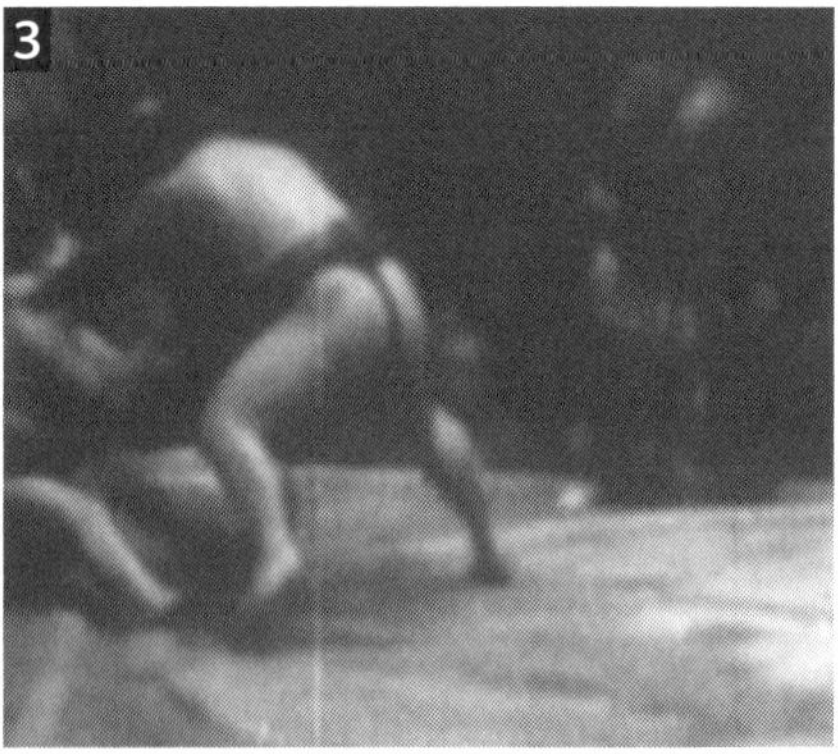

土俵下までふっ飛ぶ綾昇（左）。

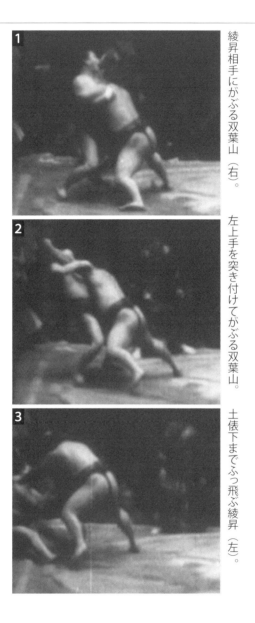

後は腰を密着させ左の腕を突きつけてからすくい投げを打ちます。上下の動きよりも前後の動きの方が目立つようになってきました。

はじめに見た2番は、上体をある程度固めた上下動で相手の重心を浮かせて寄り立てていますが、あとの2番は上体をゆるませ前後に大きく揺さぶりをかけています。上体がゆるんでいるから前後に揺らせることが出来、ゆるむと、内力が外力となって力が相手によく伝わるのでしょう。

## 5 流体の力学

今回は、「固体」と「流体」という観点から考えてみましょう。

形が変わらないものを「固体」といい、自由に形を変えるものを「流体」といいます。物理学的には気体や液体を「流体」と呼び、その運動の仕組みを考えるのが「流体力学」です。人間の體は、固体と液体が混在したものですから、固体の力学と流体の力学が絡み合った複雑なものになります。

人間の體は、男女や年齢による違いや、個人差もありますが、六割から七割が水で出来てます。水分の割合が多いとなると、流体的になりそうなものですが、人間の動きは、一般的には固体的照国を相手に、両足を浮かせてがぶる双葉山（背中）。

前後にがぶる双葉山。

がぶって照国の腹の下に入る双葉山。

左からすくい投げを打つ双葉山。

で固いもののように見えます。動くためには筋肉を収縮させますから、筋肉に力を入れて力んでしまうと、関節の動きは制限されて動きが固くなってしまうのでしょう。双葉山のがぶり寄りの前後の動きはまさに波のようで、流体の力学に則っているように思われます。

固体的な動きの方が力強さは感じられますが、流体的な動きになると何が良くなるのでしょう。

# 6 「生玉子」と「ゆで玉子」の違い

固体と流体の動きを力学的に比べてみましょう。

玉子が2個あるとして、どちらかが生玉子でもう一方がゆで玉子だとすると、割らずに見分けるにはどうすればよいでしょうか。平らな台の上で回してみるとわかります。同じような力で回しても、ゆで玉子はよく回りますが、生玉子はうまく回転しません。また、ゆで玉子と生玉子を何度か勢いをつけて同じように回転させ、指で止めますと、ゆで玉子は瞬時に止まりますが、生玉子は指を離すと再び回り始めます。

それが固体と流体の違いで、同じ玉子でも動き方が違ってきます。

ゆで玉子は中が固まっていますから、固体の動きになり、外の殻も中身も一緒に回転しますが、

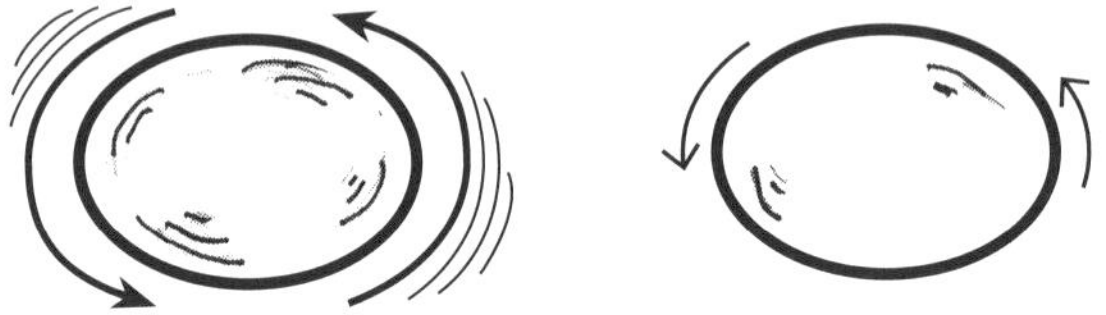


ゆで玉子と生玉子を回した場合、ゆで玉子は勢いよく回転するが、生玉子はあまり回転しない。逆に、回転しているところを指で一旦止めても、生玉子は指を離すと、慣性の法則により再び回り始める。“動かし難く、止め難い”流体の性質がよく現れている。

生玉子の中身は液体ですから、外の殻が回っても中身は一緒に回転しないのです。

これが「慣性の法則」です。逆に一旦回り出すと、生玉子は外の殻を止めても中身は動き続けようとしますから、指で止めても再び回り始めます。

中身が流体になると、動かし難く止め難く、厄介になる訳です。双葉山はどんどん流体化していったから、相手にとっては掴みどころがないため攻めるに攻められず、守るにしてもどこから力が出ているのかわからない難しさがあったのでしょう。

## 7 流体は重心が定まらない

さらに、流体は重心が動き回るという特徴もあります。固体は重心が一点に定まっていますが、流体は自在に形を変えますから、重心は一点に定まらず動き回ります。60kgの米俵一俵と、

重さが同じ米俵と水袋があるとすると、米俵は頑張れば担げるが、水袋は待ち上げることさえできない。水袋は重心が定まらないため、持ち上げるのは容易なことではない。

同じく60kgの水袋では、どちらが担ぎやすいでしょうか。60kgの水袋は、持ち上げることなどできそうにありません。固く締めてある米俵は固体と見做せますから、重心は一点にあります。その重心を捉えさえすれば、ある程度の力がある人なら持ち上げることは可能でしょう。

実際、昔は田舎の方では農家の婦人達が米俵を軽々と担いで歩いていました。翻って水袋は重心が定まらず、持ち方によってあちらこちらと動き回りますから、持ち上げるのは容易な事ではありません。双葉山と相撲を取った力士が、その体重以上の重さを感じると申し合わせたように語るのは、双葉山の體がゆるむと流体のようになり、重心が動き回ってしまうからでしょう。流体的に體を使うことが、非力な双葉山の相撲力を高めているのは間違いない事だと思います。

しかし、流体的に體を使うのは、よほど困難な事です。

武蔵の「水を本とする」境地です。筋肉に力を入れずにゆるませて體を動かすための日頃の鍛錬が必要になってきます。四股、テッポウはそのためにあるのでしょう。筋肉を鍛えるためではなく、體をゆるめ重力を最大限に使って水を本とするために毎日行わなければならないのです。

# 第9章 双葉山の技⑤ 突っ張り

## 1 若い頃は突っ張りをよく見せた双葉山

〝右四つ上手投げ〟が代名詞ともいえる双葉山ですが、若い頃は必ずと言っていいほど立合いに突っ張っていました。それは、勝負を決めるためではなく、得意の右四つに組み止めるための突っ張りでした。関取（十両）に上がった頃でさえ、体重が90kgあるかないかだった双葉山は、いきなり四つに組みにいっても体力負けしてしまうことから、自分有利の右四つになり機先を制するために突っ張っていたのです。

横綱に上がってからも、突っ張ってくる相手には無理に組み止めにいかず必ず突っ張り返していきます。突っ張りを受け、突っ張り返し、頃合いを見計らって掴まえにいきますが、右足を前に

支度部屋での双葉山（横綱時代。写真提供／穐吉家）。

出し、上半身はほぼ真直ぐ立てて受け、突っ張り返すときには上半身を少し前傾させますが、勢い勇んで前に出ることはありません。相手の隙を探りつつ、上半身の傾け方で相手への圧力をコントロールしながら突っ張っています。状況をみて（肌で感じて）、組みにいったり、ときには突き切ることもありました。

相撲評論家で双葉山に詳しい小坂秀二氏は著書の中で、双葉山の突っ張りを「腰が安定していて、腰から出ていくし、下からの突っ張りだからよく利く」と評しています。

双葉山の突っ張りについて、力学的見地から探求してみましょう。

## 2 芝・水交社の天覧相撲

まずは、昭和10年の夏場所後に、芝にある水交社という海軍の施設で行われた天覧相撲です。昭和天皇は大変相撲がお好きで、毎年のように5月27日にご覧になっていたようです。5月27日は東郷元帥がバルチック艦隊を撃破した海軍記念日です。海軍の親睦団体が水交社で陸軍が偕行社といいます。

10年夏場所後は、69連勝が始まる前で、1月の春場所が新小結で4勝6敗1分、5月の夏場所が前頭筆頭で4勝7敗、つまり2場所連続で負け越しましたから、前途を危ぶむ声もあったようですが、本人は馬車馬のように稽古に明け暮れる毎日だったと後に語っていますから、周りが心配するほどの焦りはなかったようです。

さて、この日の相撲はトーナメント形式で行われて、双葉山は三回戦まで勝ち上がってきました。三回戦の相手はこれまで本場所で一度も勝ったことがない横綱男女ノ川です。

この頃の力士にとって天皇の御前で相撲を取るのは、無上の光栄で、本場所以上に気合が漲っていました。立ち上がり、双葉山が激しく突っ張ります。相手が大きいものですから、伸び上がるように下から上へと手を伸ばしています。男女ノ川も突っ張り返していますが、双葉山はうまく上体をずらして男女ノ川の重い突っ張りをまともに受けないようにしています。

双葉が右を差し、左の上手もすぐに引きました。

男女ノ川は、勝手が悪いと見え差し手を抜いてカンヌキに極めにいきます。体力のない双葉山は苦しく、両腕とも極められてジリジリと下がっていきます。俵に足がかり、うっちゃりにいくかと思われましたが、右からすくい投げを打ち見事に決まりました。双葉の柔らかさが勝った一番で、この天覧相撲が、後の69連勝の前触れとなったようです。

## 3 突っ張ってから四つになる

次は準決勝の玉錦戦です。双葉山は今度も突っ張り、重さは感じられないものの全身を使った躍動感のある突っ張りを見せます。そしてすぐに得意の右を差します。玉錦は小手に振って寄っていきますが双葉山懸命にこらえ土俵の円をうまく利用して回り込みます。

ここから双葉の逆襲が始まり、ここが勝負と果敢に寄っていきます。玉錦がうっちゃりにいきますが重ね餅に倒れ込んでいき、軍配は双葉山に上がりました。颯爽たる若武者ぶりで、次が決勝戦。相手は武蔵山です。武蔵山は先場所（10年5月）9勝2敗の好成績で横綱昇進が決まったばかりです。

双葉はまた果敢に突っ張り、突っ張ってから左の上手を取り、頭をつけます。相手の胸に頭をつける体勢は、後の双葉山からは想像できない取り口ですが、懸命に取っているのが伝わってきます。双葉山が上手投げにいきますが、武蔵山には余裕があり、双葉山は大きく左に回り込みながらもう一度上手投げを打ちます。

そこを武蔵山待ってましたとばかりに押し込み、そのまま押し倒されてしまいます。さすがに大剛三人撃破は成りませんでしたが、いい相撲を見せました。優勝こそ逃しましたが、見事な戦いぶりで、立合いは三番とも、必ず突っ張ってから組みにいっています。

體は細いが、あくまでも正攻法で戦おうという気概が頼もしく、陛下も一番注目していたようです。

## 4 全身をつなげて突っ張る

次に、14年春場所の2日目の相撲で、相手は突っ張り得意の龍王山です。

激しく突っ張る龍王山（右。以下、相撲協会資料映像より）。

一突きで龍王山を土俵外へ出す双葉山（左）。

自らの突きの反動で後ろ向きに土俵中央へ戻る双葉山。

双葉山はこの場所の4日目に安芸ノ海に敗れますので、今日が68連勝目です。體が見違えるほど大きくなり、王者の風格さえ感じられます。

立ち上がり、龍王山が全身を使って激しく突っ張っていきます。双葉山は下から押っ付けるように応戦し、腰は全く崩れてません。

双葉山が逆襲に転じます。たった一突きで相手が土俵外までふっ飛んでしまいました。双葉山は反動で土俵中央まで戻される面白い動きになりました。

もう一番は、15年春場所の14日目の相撲で、相手は闘志の男、前田山です。横綱と大関の対戦です。

立ち上がり、前田山は少し右に動き、激しく突っ張ります。

突っ張り合いは手の動きに目が行きがちですが、映像をスローで見てみると、足も手と同じく小刻みに動いているのがわかります。さらに肩甲骨の動きもかなり目につきます。上體も前後だけでなく左右にも柔らかく滑らかに動いているのがわかります。

北斎漫画に見るような、しなやかで自由自在な動きです。

印象的なのは、全身のつながりです。腕だけでなく、全身で突っ張っているのが見て取れます。

腕力では他の力士に劣るから、腕力に頼らず全身を同時に動かしているのでしょう。いくら腕力が強いといっても、高が知れてますから、全身をつなげて使わなければ威力は増してきません。

さらに、決して踏ん張らずに足を小刻みにツルツルと動かしているのが印象に残ります。

## 5 力と運動量の違い

踏ん張らずに全身をつなげて突っ張ることについて、「力と運動量の違い」という観点から考えてみましょう。

力と運動量については、以前太刀山の相撲のところでお話ししましたが、力も運動量も感じることはできても目に見えないものですから、曖昧で難しいものです。そもそも物理学で定義する「運動」は、時間とともに、その位置を変えることです。さらに、運動の速度や方向が変わることを「運動の変化」といい、運動を変化させるものを「力」と定義づけたのがニュートンです。定義となるとなかなか複雑になりますが、F＝maという運動の法則で表され、運動の勢いを「運動量」といいます。

前田山（左）と突っ張り合う双葉山（右：肩甲骨に注目）。

全身をつなげて突っ張る双葉山（右）。

**運動量と力の違い**

金槌を振り下ろせば（運動量）楽に打ち込める釘も、金槌を釘へ当てたところから押し込むには相当な「力」を要する。もちろん、非効率的であるのは言うまでもない。

金槌で釘を打ち込む場合を考えると、力と運動量の違いが分かりやすいかと思われます。金槌で釘を打ち込む場合、上から金槌を振り下ろしますが、振り下ろさずに釘に金槌を押し当てても、釘はなかなか入っていきません。相当の力が必要になります。金槌を押し当てて釘を入れようとするのは、「力」で釘を動かすことです。一方、金槌を振り下ろす場合は、金槌が勢いを持って釘に当たりますから、釘に「運動量」を与えることになります。

「運動量」を使った方が「力」を使うよりも効率がいい訳です。

## 6　踏ん張ると運動を止めてしまう

双葉山の相撲に戻りますと、突っ張るときに踏ん張らないのは、體に「運動量」を持たせるためなのではないかと思われます。

踏ん張って相手を押し込むのは、土俵を蹴る力の反作用で押すことで、釘を金槌で押し込むのと同じことです。大きな力を要する割に、相手にはあまり効き目がありません。

一方、體を金槌を振り下ろすように使えると、運動量を相手に与えることができます。しかし、

双葉山とて人の子、時には失敗もある。五ツ嶋相手に左足を踏ん張って突っ張る双葉山（右）。

左に動いて叩き込む五ツ嶋。左足が居ついてしまっていた双葉山は反応できない。

それでも、腰（丹田）から落ちる双葉山の、この落ち方は見事。

運動量を与えるにも始めは力が必要です。

運動量を生み出すのはもちろん力です。双葉山は、力によって生まれた運動量を最大限に利用するために踏ん張らないのではないでしょうか。

踏ん張ると、運動量の邪魔になります。踏ん張ることは、土俵を押し続けることになり、體は動きを止めてしまうので、運動量ではなく力で相手を押すことになります。突っ張っても足は止まった状態で、腕の力しか相手に伝わりません。

それが居着くということです。

踏ん張らずに足を小刻みに動かすことで、體が運動量を持って相手に対することができるのでしょう。

その双葉山が珍しく踏ん張って力で相手を押してしまった相撲があるので見てみましょう。

15年春場所11日目、相手は出羽ノ海部屋の五ツ嶋という力士で、後に大関に上がりますが、この時はまだ前頭筆頭です。

さほど大きくはないのですが力があり、稽古場では滅法強く、〝稽古場横綱〟といわれ地力がありました。

立ち上がり、突っ張り合います。この辺は、今までと変わりなく足も小刻みに動いていますが、途中から少し踏ん張って力で押し切ろうとしていて、珍しく、力みが感じられます。土俵際まで追い込んで、渾身の力で押し出そうとしたところ、叩き込みを食ってしまいます。

もう一度、時間を戻してゆっくり見てみましょう。

突っ張り合いから西土俵に押し込んでいきますが、この辺から力みが感じられます。五ツ嶋が回り込んで、今度は東の土俵際まで追い込んだのですが……

左足で踏ん張って土俵を押す反作用で相手を突きとばそうとしたところを、うまく體を開かれて、叩き込まれます。

魔が差したというか、双葉山もやはり人の子だったようです。

しかし、叩かれて前に落ちるとき、普通の力士なら四つん這いになるものですが、双葉山は腰から落ちています。腰で相撲を取っている証拠です。

あまり見かけない体勢で、負け方にも體の使い方が現れるといえるのでしょう。

## 7 運動量を體に覚えさせるためのテッポウ

双葉山の相撲を見ていくと、「テッポウ」は腕の力をつけるためではなく、手と足を同時に動

テッポウ稽古（著者撮影。協力／高砂部屋）。テッポウは腕力で突くのではなく、「居着かず運動量として体を動かす」訓練なのだろう。

かし居着かない動きを身につけるために行うのだと合点がいきます。腕の筋力をつけるためなら、バーベル等で筋力トレーニングを行った方が効率的です。

居着かずに運動量として體を動かすためにテッポウ柱を弾くのです。力で押し込んでは駄目なのです。突っ張りを得意とする力士の多くは非力だとよく聞きますが、非力だと腕力に頼ることなく運動量を活かした突っ張りを身につけやすいのでしょう。双葉山は非力だったからこそ、全身を梃子として使う上手投げを身につけ、波のようながぶり寄りで相手を圧倒し、力ではなく運動量を使う突っ張りを体得したのです。それが真の相撲力というわけです。

# 第4部

# 仕切りと立合い

# 第1章 双葉山の仕切り

## 1 日頃の鍛錬や心の在り方が「仕切り」に現れる

「仕切り直し」という言葉は、政治やビジネス等での交渉のやり直し、またスポーツや将棋等の勝負事での再試合等、一般的にも広く使われていますが、もともと相撲の「仕切り」に由来する言葉です。

仕切りとは相撲を取る前に腰を割って両手を下ろす行為で、丹田に意識を集め全身をつなげて戦闘能力を高めるための構えです。力士は土俵に上がると、互いの気持ちを高め、呼吸を合わせるために仕切りを繰り返します。1回目から立ち合ってもいいのですが、まだ気合いが充実しない場合には仕切りをやり直す――すなわち仕切り直します。

仕切りに入る前には、相手を敬う意味がある蹲踞の姿勢をとります。蹲踞によって腹式呼吸が

錚々たる明治大学の師範たち（左から剣道の中山博道、木下友三郎明大総長、柔道の三船久蔵、相撲の双葉山。写真提供／穐吉家）。

行いやすくなり気を鎮める効果があります。蹲踞の姿勢から一度立ち上がって両足を開き、腰を割って仕切る——これを繰り返すことで、氣を鎮めつつ丹田を中心として全身をつなげた闘う体勢が徐々に出来上がっていくのです。これが本来の仕切りであり、立合いです。

元々大相撲の立合いに制限時間はありませんでした。昭和3年1月のラジオ放送の始まりに伴って10分の制限時間が設けられました。制限時間が出来る前は、1時間近く仕切りを繰り返す力士もいたそうですが、5、6回の仕切り直しで立ち上がる場合が多く、いつ立つかわからない分、観客も一回一回の仕切りを注視していました。

相撲評論家の小坂秀二氏は、「日頃の心の在り方、鍛錬がハッキリでてくるのが仕切りであり、双葉山を古今の名横綱だとするゆえんに、仕切りの立派さをあげることを強調したい」と述べています。双葉山の仕切りについて、探求してみましょう。

## 2 気合いを高め戦闘態勢をつくるための所作と仕切り

制限時間があると、それまでは立たなくていいという仕切りになりがちですが、双葉山の仕切りは、「いつでも立つ」「待ったをしない」という信念の元、一回一回に気魄が籠っていました。

土俵上の所作にも注目しながら、15年1月場所の中日8日目の土俵を見てみましょう。突っ張り得意の竜王山戦です。両者が呼び上げられて土俵に上がります。まずは客席の方を向いて柏手を打ち、四股を踏みます。それから力水をつけます。

力水にも作法があり、験を担いで前の取組の勝ち力士が水をつけ、負けた側は、次の取組の控え力士がつける決まりになっています。

それから塩を撒いて土俵を浄め、二字口に戻って蹲踞し塵手水を切ります。

蹲踞は、字が示す通り相手を敬う姿勢ですから、互いに相手を敬いながら塵を切ります。塵を切るのは、昔、野外で相撲を取っていたころ、水の代わりに草の葉で手を浄めたことに由来し、

土俵に上がって、互いに背を向け四股を踏む両力士（右：双葉山。以下、相撲協会資料映像より）。

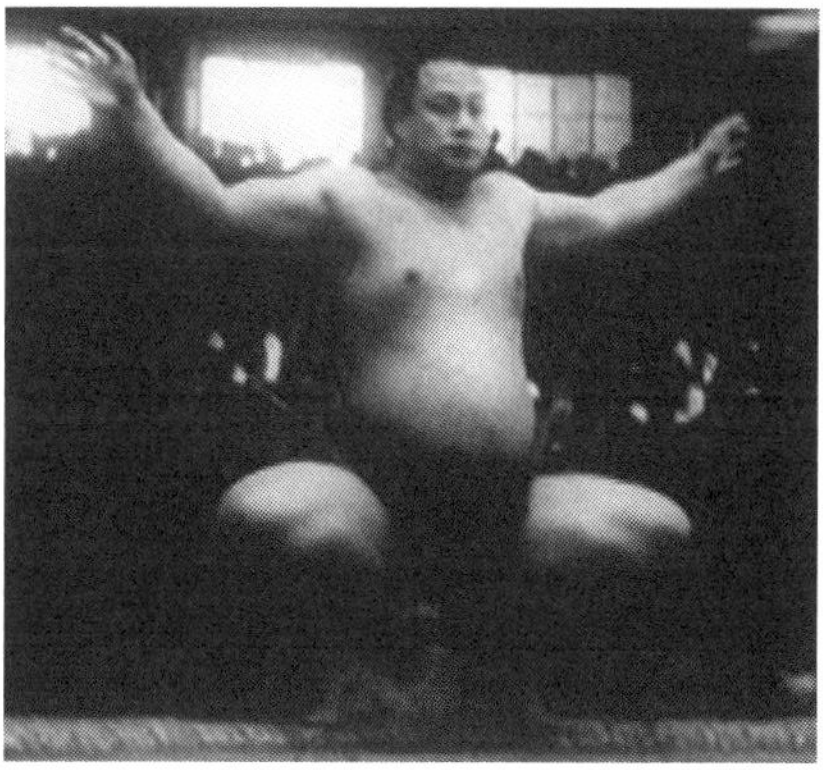

蹲踞してチリを切る双葉山。

大きく広げた両掌を返すのは、武器を何も持っていないのを天と地に誓うという意味があります。

双葉山の蹲踞は、力みがなく軸がスーッと通っていて、見ているこちらも背筋が気持ちよく伸びる感じがします。塵を切った後、再び土俵の中央に進み出て、今度は互いが対面して四股を踏みます。

互いに相手を敬う姿勢で、正々堂々と戦いますと誓い合い、肚に力を入れるための四股を踏むという順序で進んでいきます。

一つ一つの所作に、お互い潔く闘うために深い意味があるのです。

## 3 1回目の仕切りで立った竜王山

ここからもう一度蹲踞して、仕切りに入りますが、竜王山が、1回目の仕切りで立ち上がり、双葉山も「おぅ」と受けて立ちました。

客席はざわついていますが、気づいてないお客さんもいたようです。

竜王山はすぐにつかまってしまい、上手投げでひっくり返されてしまいます。1回目の仕切りから立とうとした竜王山には驚かされましたが、それを受けて立って何事もなかったかのように上手投げでひっくり返した双葉山にはさらに驚かされます。

1回目から立つ氣で仕切っていないと出来ない芸当です。

もう一度、時間をかけてゆっくり見てみましょう。

蹲踞の姿勢から立ち上がって、まず左足の位置を決めるというよりも左足はその場に置くだけで、ほとんど動きはありません。

右足は、少し開いて腰を割って、左ひじを左ひざの上に乗せています。右手は掌を右ひざの上に乗せています。

右四つの力士は左足から決め、左四つの力士は右足から決める場合が多いようで、右四つなら前に出す利き足が右足ですから、支え足は左足になり、踏ん張るほうの左足を先に固めるという理屈ですが、逆にする力士もいます。

## 4 相手を法悦の境地に至らしめる双葉山の仕切り

双葉山は誰とやるときも同じ手順で仕切ってます。もう一番、18年の1月場所4日目の、学生相撲出身の笠置山《かさぎやま》と対戦の土俵を見てみましょう。

さほど大きくはないのですが、均整が取れ鍛え込まれた體《からだ》で、正攻法の相撲で関脇まで上がり、横綱、大関をも破る実力者です。出羽ノ海部屋では、打倒双葉の作戦参謀と呼ばれていました。

笠置山はこの日、ある作戦を胸に秘めて土俵に上がっていました。双葉山とは今日が13回目の対戦なのですが、今まで一度も勝ったことがありません。

学士力士らしく正攻法で理詰めの取り口ですが、投げ技や足技も多彩で、土俵狭しと動き回り双葉山（左）と笠置山の仕切り。相手の気持ちをも浄化してしまう双葉山の仕切りは、下手な座禅を組むより、よほど禅的。

何でも器用にやります。ただ、立合いの変化だけはすまいと心掛けていました。

正攻法の取り口で、他の横綱、大関には勝つこともあったのですが、双葉山にだけはどうしても勝てないので、この日は立合いの変化をやってみようと心に決めて土俵に上がっています。しかも郷里から、その人が来た日は負けたことがないという験のいい友人が訪ねてきていますから、変化することへの迷いがまるでないのだそうです。相撲の神様も、この一番に限り変化を認めてくれたと納得して土俵に上がっています。

仕切りから今日の一番への意気込みが伝わってきます。双葉山はいつも通りに仕切っていて、表情が澄み切っています。土俵上の氣がどんどん浄められていくようです。浄化された二人の氣合いが客席にも広がって、観客も二人の仕切りに見入っています。

いよいよ、氣合いが高まってきたようで、立ち上がりました。笠置山は真直ぐぶつかっていきました。いい当たりで、押し込んでいきます。うまく中に入りますが……　押し込まれながらも双葉山の腰は崩れません。右で上手を取り、上手投げを打ちながら寄り返していきます。

笠置山もしぶとく応戦します。下手投げを打ち返して足技も繰り出してきました。笠置山、粘りますが……、双葉山が上手を離して浴びせ倒すように寄り倒しました。気魄のこもった一番でした。時間は短かったのですが、内容のあるいい相撲でした。清々しさが感じられた勝負でした。

支度部屋では、笠置山が友人に「立合い変化する作戦で土俵に上がったのだが、双葉関の目を見て仕切っているうちに、だんだん仕切りに没入してきて、法悦に浸るとでもいうような気持になった」と語っていたそうです。友人も「いい相撲を見せてもらった。勝ち負けは関係ない」と大層喜んでいたそうです。仕切りを繰り返すことで心身が浄められていくのが感じられた一番でした。

# 5 双葉山の仕切り論

双葉山の仕切りは、なぜあれほど美しく対戦相手をも引き込んでいくのでしょう。無駄な動きが一切みられません。蹲踞から立ち上がって仕切る前に、普通の力士は足の位置が一度では決まらず何度か足を動かすものですが、双葉山は左足はそのままで、右足だけ少し動かす場合もときにはありますが、スッと一度で決めます。本人は、「いったん土俵に上がったら、余分な動作はすまい」と心掛けていたそうです。

仕切ることで「無」の境地に入っていくようです。それで美しく、見ている方も浄められるのです。

後の事になりますが、双葉山が仕切りについて語っている言葉が残っていますのでご紹介します。

「私は、数年来の信念として、一回目からいつでもたつという気組みで仕切る。つまり一回、一回の仕切りに全精力を打ち込むのが、相撲道の正しい精神だと考えているのである。このことを逆に言えば、仕切りに作戦なしということになる。力士が土俵に上がって、いったん仕切りに入った以上、それはもはや絶対の境地であり、いやしくも作戦的に時間の引き延ばしを図り、あ前田山（右）との対戦にて、足の位置を決める双葉山（左）。双葉山は、左足を軸に一度で足の位置を決めることが多い。

るいは故意に相手の心理を焦燥に導くような、駆け引きは許されないものと信じている。

したがって、仕切りの本道というものは、文字通り真剣必死の気迫をもってすべきであり、ただただ自らの気迫の完全な充実、いわば気力の最高潮を待つという意味においてのみ仕切り直しは許されるのである。すなわち仕切り直しとは、相互の気迫が一瞬に合し、最善最高の気分充実の状態をもって相うつという、最高精神を表すためにのみ許される制度だと思うのである。

これを極端に言えば、仕切りにおいて、あらゆる術策をろうする、相手の虚をつくことのみに専念することは、決して称揚さるべきものではない。ここにこそ、仕切り直しに際して、自らの気迫不充実を許す意味において、相手に会釈する型が残されているのではないか。

これを思えば、仕切りにおいて、自己の作戦によって初めより全然気を入れない、あるいは、ただ単に時間の引き延ばしを図るために、漫然と仕切り直しを繰り返すということは、私一個の信念においては、明らかに相撲道の邪道と解しているのである」

ここまでの信念を持って仕切っているから、相手が1回目につっかけてきても動揺せずに受ける事ができるのでしょう。仕切りに相撲道を凝縮させ、仕切りで無を体現しています。

無だから笠置山を法悦の境地に誘い込み、観客を魅了できるのです。

「無」とは禅的で哲学的ですが、物理学的に「無」を考えてみましょう。

## 6 真空と般若心経と $E=mc^2$

アリストテレスのギリシャ時代から、「無」すなわち「真空」については多くの学者が探求してきました。長い間「自然は真空を嫌う」から何も無い空間は有り得ないとされてきましたが、17世紀になってガリレオの弟子であるトリチェリが真空をつくることに成功しました。

アリストテレスといえば紀元前300年代ですから、2000年近くもかかったのですが、完

### 水素原子の構造

原子核を半径1mのボールとすると、電子は100km先を回っていることになる。

全な真空を人工的につくり出すのは不可能な事のようで、もっと未来を覗いてみても、地上の空気（大気圧）よりも空気分子の数を10兆分の1にまでは減らせたものの、それでも1cc（1$cm^3$）の中に100万個の分子が存在するようです。

宇宙空間は、何もない全くの真空のようですが、我々のいる銀河系の外までいくと、ようやく1$m^3$の中に原子1個程度の真空となるようで、この壮大な宇宙でも無になることは難しいことです。

ところが、逆に私たちの體の中に無すなわち真空があります。

原子の中心には原子核があり、その周りを電子が回っているという原子の中の構造が明らかになってきたのですが、一番小さな水素原子の原子核を半径1mのボールに見立てて東京駅に置くと、電子は100km先の日光や銚子、そして沼津あたりをぐるぐると回っているようなものです。

原子核と電子の間には、電子が雲状に広がっているようなのですが、真空すなわち無が広がっていると言っても差し支えないようです。

我々は本来、隙間だらけで無に近いのです。何とも不可思議なものです。

しかし、さらに最近の物理学では、真空こそがこの宇宙をつくったという学説が出てきています。

真空は、電子と陽電子のような物質と反物質が生まれてはぶつかり合って消えるということを繰り返し、エネルギーが変化しているといいます。それを真空のゆらぎとか量子ゆらぎと呼びますが、それで、真空から質量が生まれ、この宇宙は真空から始まったという説につながっていきます。

般若心経にある「空即是色」は同じ事をいっています。物体を原子の世界まで拡大して覗いてみると、中はほとんど真空ですから「色即是空」ともいえます。アインシュタインが唱えた$E=mc^2$も、エネルギーという形のないもの（空）と、質量という形あるもの（色）が等価であるという、「色即是空　空即是色」を数式で表したものといえるのではないでしょうか。

宇宙も仏の道も相撲道も本質は同じなのです。双葉山は、仕切りによって無を体現し、仏の境地、そして宇宙の原理にまで至っています。双葉山の仕切りが美しい所以はここにあるのです。

# 第2章 双葉山の"後の先"の立合い

## 1 ジャン・コクトーが感嘆した立合い

相撲を競技として考えた場合、他に類を見ない独特な方法で開始されるといえます。立合いは両者の合意に委ねられていて、間に入る行司は両者の呼吸が合ったと認めたときに「ハッキヨイ」の声をかけ、呼吸が合っていないままにどちらかが立ち上がったときには「マダ、マダ」と、立合いのやり直しを命じます。つまり行司は、お互いの呼吸が合ったかどうかの見届け人であって、スターターではありません。競技の開始を決めるのは、戦う両力士なのです。双葉山時代に国技館に足を運んだフランスの詩人ジャン・コクトーは、その立合いの妙味に「バランスの奇跡だ!」と感嘆したといいます。

立合いが、お互いの合意に委ねられているだけに、駆け引きが生じます。相手が気合い十分だ双葉山を中心に、大宰府道場開き（撮影：昭和18年。写真提供／穐吉家）。

と待ったをしたり、相手とのタイミングをずらしたりするなどの駆け引きの上手な力士を立合いがうまいと称賛する向きもあります。

しかしながら、先に紹介した双葉山の言葉通りに「仕切りに作戦無し」、即ち本来「相互の気迫が一瞬に合し、最善最高の気分の充実の状態をもって相打つ」ための仕切りによって立合うべきなのです。

双葉山は、若い頃から「待ったをしない」「相手が立ったらいつでも立つ」という意識で立ち合っていたため、後れを取ることが度々でした。当時の相撲評論家からは、「立合いに工夫が足りない」「粗雑だ」「真っ正直すぎる」といった論評が毎場所のように寄せられていましたが、稽古をつけていた横綱玉錦だけは

天衣無縫の人、双葉山（写真提供／穐吉家）。

「大成するためには、あれでいい」と認めてました。実際、69連勝の後半辺りから〝受けて立つ〟立合いが完成に近づき、〝後の先〟の立合いへとつながっていきます。

双葉山の〝後の先〟の立合いについて探求してみます。

## 2 立合い一突きで飛ばされるも寄り返す

相撲は立合いで勝負が7、8割は決まると言います。若い頃から立合いに焦点をあてて見ていきましょう。昭和8年の1月場所9日目の土俵です。

相手は、出羽ヶ嶽という力士で、205cm、180kgの巨人です。関脇まで上がったのですが、脊椎カリエスを患い、番付を落としています。

双葉山は臆することなく淡々と仕切りをくり返し、立ち上がりますが、一突きで飛ばされてしまいます。しかし土俵際で残って、再び敢然と立ち向かっていき、中に入って双差しになります。

双葉山かまわずどんどん寄っていくと、相手に残り腰はなく、見事に寄り切りました。

出羽ヶ嶽は、青山脳病院の斎藤先生の養子で、歌人で精神科医の斎藤茂吉とは義理の兄弟になりますから、茂吉が随分肩入れしていたようです。これから昇っていく双葉山と凋落していく出羽ヶ嶽の対戦は、人生の縮図を見るようで哀歓の念を感じずにはいられません。茂吉は次の様な歌を詠んでいます。

「番附もくだりくだりて弱くなりし出羽ヶ嶽見に来て黙しけり」

## 3 立ち遅れる双葉山

次に9年1月場所で、少し目方が増え、相手は大邱山という力士です。ちょうど同じような背格好で。いかにも曲者です。この二人は、春秋園事件で繰り上がってきた若手同士で、「大鉄傘の花形力士」と称されていました。

若手らしい、きびきびとした仕切りをくり返し、大邱山の「やぁ」という声で立ち上がります。双葉山は受けて少し押し込まれましたが、右四つに渡り合います。相撲が速い大邱山は左から出し投げを打ち、休まず寄り立てます。双葉山はねばって得意のうっちゃりにいきますが、足が掛かり重ね餅で倒れ込んでいきました。浴びせ倒しで、やられてしまいます。やはり立ち遅れています。

次は、10年5月場所の5日目です。初めて小結に上がった先の1月場所では負け越して、この場所は筆頭です。相手は"相撲の神様"と称されている技巧派力士の小結幡瀬川です。双葉山より一回り小さく見えますが、いかにも柔らかそうな體で、両者とも入念に仕切りをくり返し、緊張感が伝わってきます。

立ち上がりますが、双葉山は今度も立ち遅れて、二本差されてしまいます。

幡瀬川はさすがに相撲がうまく、双葉山は後がありませんが、うっちゃりで勝ちを拾いました。

勝つには勝ちましたが。どの相撲も、立合いが一瞬遅れてしまいます。

## 4 粗雑と評された立合いから、腰の備えが万全の立合いへ

評論家にも立合いが真っ正直すぎて策がなく、粗雑な感があると度々指摘されているようで、少し立ち遅れたように思っても"待った"はしないと心に誓っていたようです。

もう一番、今度は14年夏場所の相撲です。この場所から15日制になり、今日がちょうど折り返し中日8日目で、相手は肥州山《ひしゅうざん》という力士です。上背があって力が強く、漁師上がりで、"起重機"という渾名がついていました。

慎重に仕切り。なかなか立ちません。双葉山は、いつでも受けて立つという仕切りですが、肥

双葉山の仕切り（以下、日本相撲協会資料映像より）。

州山は慎重です。ようやく肥州山の声で立ち上がり、肥州山はうまく二本差して寄っていきます。

しかし双葉山は落ち着いていて、腰の備えも万全です。左を巻き替え逆に寄り返します。肥州山はこらえてうっちゃろうとしていますが、双葉山は乗っからずに一度下がります。

そして、高々と吊り上げ、吊り出しました。

寄りやうっちゃりと同じように、吊り上げる前に一度フッと力を抜きました。すると相手は何もできなくなってしまい、そこを楽々と吊り上げてしまいました。

立合い、相手より遅れて立つのは若い頃と同じですが、何かが違ってきています。立ち遅れるのですが、当たり合った瞬間には、自身の腰の備えが十分なのに相手の腰は崩れているという、不思議な光景が見られるようになってきました。

## 5 〝後の先〟の立合いの完成

もう一番、いわゆる〝後の先〟を完成させたといわれる17～18年頃の立合いを見てみましょう。

せっかくですから、この相撲はスローで立合いの動きをじっくりと観察したいと思います。

仕切りの手順は、若い頃から少しも変わりません。腰を割って、左ひじを膝に載せて、右手を膝に置いた構えから、ゆっくりと、まず左手を下ろし、すぐに右手も下ろしていきます。

ここからさらにゆっくり見ていきましょう。動き出すのは、相手の方が速いのです。相手が立ち上がっても、双葉山は両手をついたままです。

相手が一歩足を踏み出したときに初めて手が土俵から離れますが、足はまだ動きません。

相手がかなり踏み込んでくるとようやく双葉山の足も動き出します。一歩というより半歩という感じです。

遅れて立ち上がったのに、腰の備えはまったく崩れてません。むしろ相手の方が勢い込んで当たってきた分、腰の構えや足の運びが狂っているように見えます。遅れて立っていても、当たったときには双葉山の方がいい構えになっています。

仕切りもそうでしたが、無駄な動作がまったくありません。腰を割って相手と呼吸を合わせ、相手が手を下ろすのに合わせて左手を下ろしますが、相手がもう片方の手を下ろしたときには、双葉山の右手はすでに土俵に下りて相手を待ち構えています。それが、〝後の先〟の立合いというものです。

相手の力士は、足で土俵を蹴って、その反作用でぶつかっていきますが、双葉山は蹴らずに重力に身を任せているだけのように見えます。

双葉山（左）の立合い。明らかに相手よりも遅れて立ちながら、組み合った瞬間には万全の腰の体勢となっている。

何が違ってくるのでしょう。

## 6 腰の構えを崩さずに踏み込む

双葉山の膝を観察してみると、仕切りの構えのままで伸びきることがありません。腰を割った構えのまま、両手を土俵から離すと、重心は體の前方にありますから、そこに向かって落ちていくように足を踏み出すだけです。

相手は土俵を蹴って膝を伸ばして当たってきますが、双葉山の膝は曲がったままです。仕切りの構えから上體を起こしただけの構えです。

相手は、強く当たろうと思い切り土俵を蹴るから體が伸び、いわば崩れかけているのに対し、双葉山は腰を割ったまま重力を利用して前に落ちているだけです。前に落ちながら上體を起こしていきますから、腰は割れたままです。

相手は體が伸び、当たる勢いはあっても当たり合ったときには腰が崩れています。双葉山がさほど踏み込まないのは、仕切りでつくった腰を崩さないためなのでしょう。

強固で柔軟な腰があればこそ、出来る立合いです。しかし、勢いのある相手に対し、少しでも

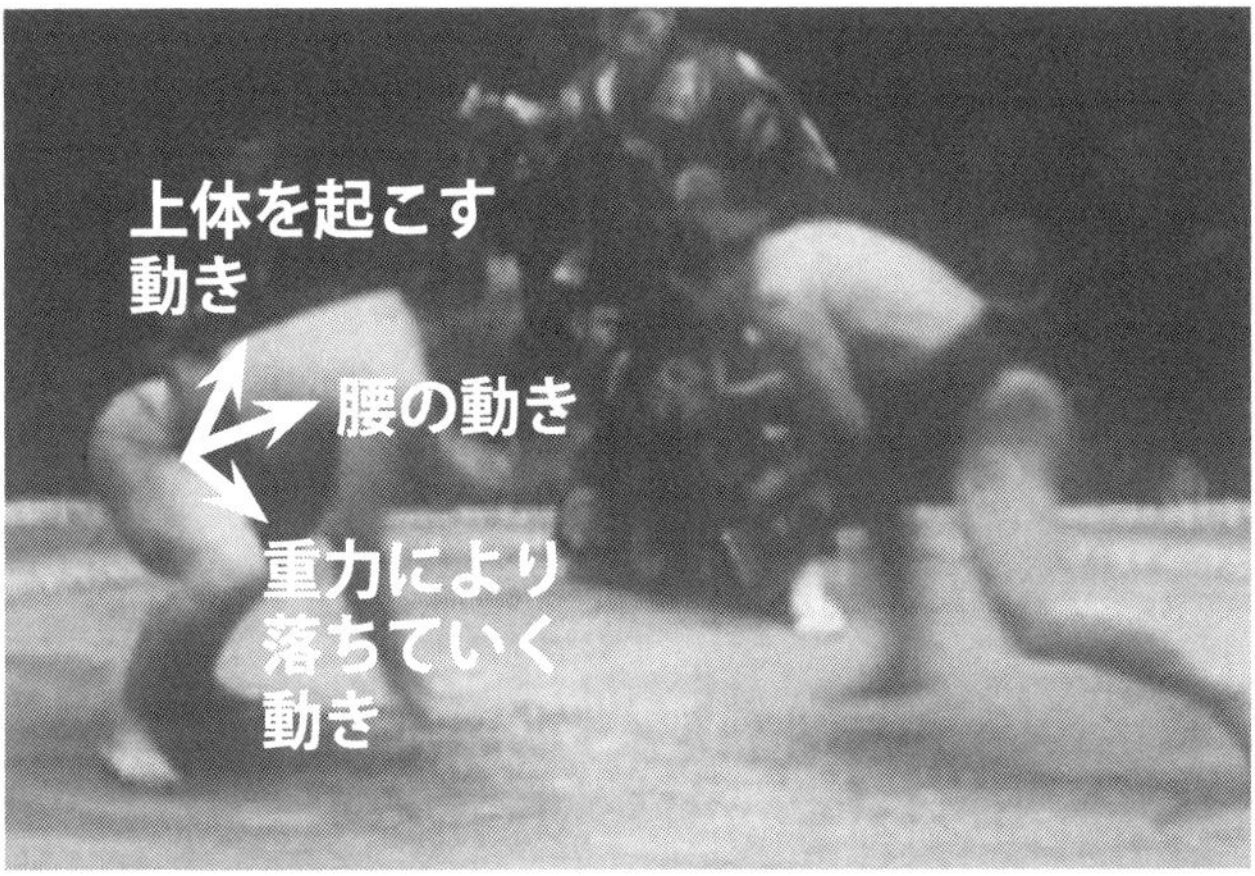


双葉山は足で土俵を蹴らずに、重力を利用して前に落ちているだけ。結果として膝は曲がったまま、腰は割れたままの崩れのない状態が維持されている。

遅れてしまうと受け損なってしまいそうですが、双葉山は、時間を遅らせているのではないかと思われます。以前にも人によって時間の進み方が違うという話をしたことがありましたが、一人が2階、もう一人が1階にいた場合の話でした。

1階の方が地球の中心に近いですから2階よりも重力が強く時間の進みが遅れます。ただそれは人間には感知できないほどの遅れですが、精巧な時計があれば、確かめることはできます。

土俵の上では、双葉山も相手も高さは変わらないから重力は変わらないはずですが、意識や氣が時間を遅らせてしまうのではないでしょうか。

# 7 極まった意識が時間を遅らせる？

前に、E＝$mc^2$という式は、般若心経の「空即是色」と同じ事をあらわしているという話を紹介しました。「エネルギー」と重力のもとになる「質量」が等価すなわち形を変えただけで同じものであるということです。

「エネルギー」が大きくなれば、質量が大きくなるのと同じですから、時間の進みが遅れることになります。ここからは私の推測ですが、意識や氣をエネルギーだとすると、意識が高まれば、いえ極まればという言い方が相応しいかもしれませんが、時間がゆっくり進むように思われます。

意識が時間を遅らせるほどの大きなエネルギーを持つことはできるのでしょうか。量子論によりますと、エネルギーと時間の間には、不確定性原理が成り立ちますから、極々短い時間なら大きなエネルギーを持つことができます。

ただし、短い時間というのは非常に短く、1秒の10兆分の1のさらに1兆分の1秒などという人知を超えた時間になるようですが。

意識や氣が極まることで、大きなエネルギーが生まれ、時間がゆっくり進むということは有り得るのでしょう。双葉山にとっても、意識の深奥の無意識の世界の、さらに深奥の世界で起こっ

## 氣や意識の極まりが、時間の進み方も変化させる!?

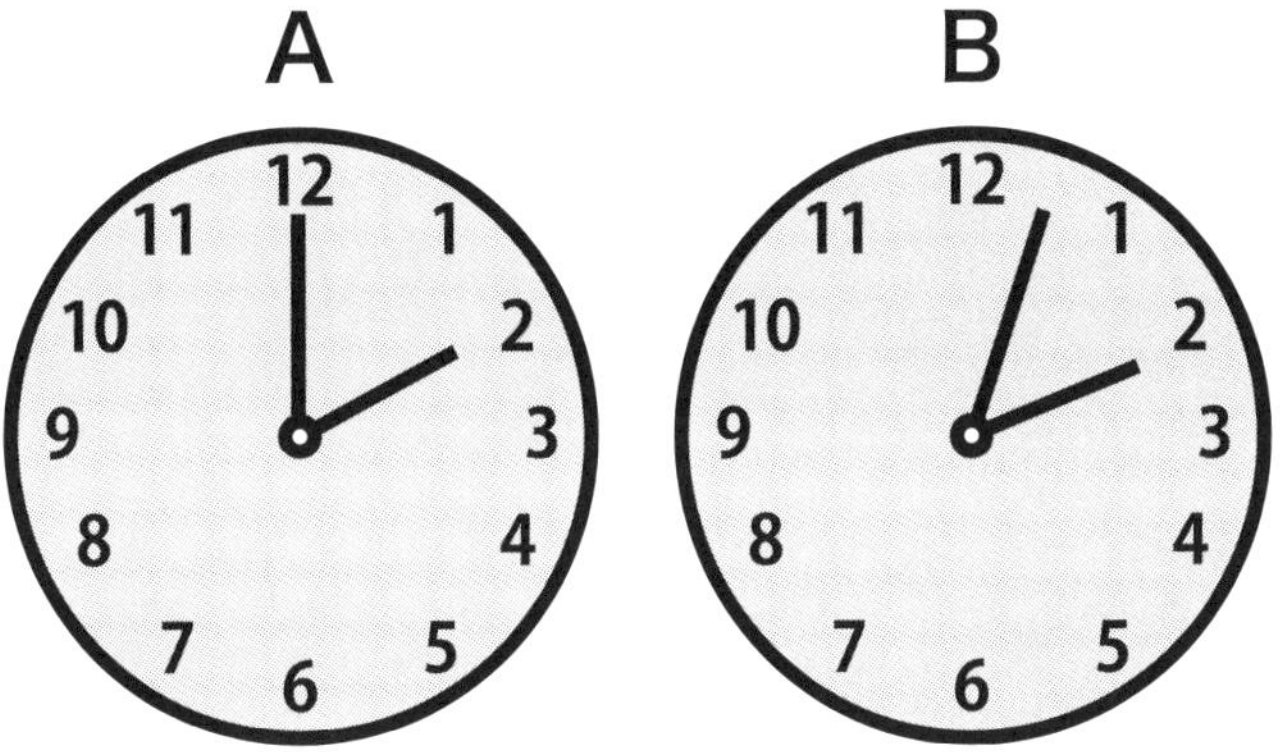


氣や意識が「エネルギー」であるなら、量子論的立場からは、氣や意識のエネルギーが高まる＝極まった時計（A）は、通常の時計(B)より時間の進み方が遅くなるのではないだろうか!?

ていることだと思いますが……。

信じ難い話ですが、双葉山の仕切る目を見ていると、それも当然だと思われてきます。時間はすべての人に同じく流れているのではなく、人により場所により各々違った時間があるというのがアインシュタインが提唱した一般相対論から導かれることです。立合いにおいて、双葉山と相手との時間の進み方が違うから、〝後の先〟の立合いができたのではないでしょうか。

相撲も極まれば、相対性理論や量子論の世界につながっていくのでしょう。その奥の深さには驚かされるばかりです。

著者プロフィール
**松田哲博**（まつだ てつひろ）

元高砂部屋力士「一ノ矢」。相撲探求家。

1960年生まれ。鹿児島県徳之島出身。

琉球大学理学部物理学科卒業後、若松部屋（現高砂部屋）に入門し、史上初の国立大学出身力士となる。24年間の現役生活の後、2007年に引退。引退時点で現役最年長力士であり、昭和以降の最高齢力士。

引退後はマネージャーとして高砂部屋の運営を支える。「シコトレ」の普及や相撲の物理的な探求を続けている。朝日カルチャーセンター講師。

著書：『シコふんじゃおう』（ベースボール・マガジン社）、『股関節を動かして一生元気な体をつくる』（実業之日本社）、『四股鍛錬で作る達人』（BABジャパン）など多数

装幀：谷中 英之
本文デザイン：中島 啓子

**相撲の力学** **神技のカラクリ**

2024年6月25日　初版第1刷発行

著　　者　松田 哲博
発 行 者　東口 敏郎
発 行 所　株式会社ＢＡＢジャパン
〒151-0073 東京都渋谷区笹塚1-30-11 4・5F
TEL 03-3469-0135　FAX 03-3469-0162
URL http://www.bab.co.jp/
E-mail shop@bab.co.jp
郵便振替 00140-7-116767
印刷・製本　中央精版印刷株式会社

ISBN978-4-8142-0627-8　C2075